Hanns-Jürgen Krause

Aquarienwasser

Diagnose und Therapie

In Zusammenarbeit
mit E. Merck, Darmstadt

Kosmos
Gesellschaft der Naturfreunde
Franckh'sche Verlagshandlung
Stuttgart

31 Farbfotos von Hanns-Jürgen Krause (30)
und Edith Korthaus (1)
9 Zeichnungen von Hans-Hermann Kropf (5),
Werner Weiss (2), Hanns-Jürgen Krause und
E. Merck sowie
14 Tabellen (Tabellen 5, 6 und 9 gezeichnet von
Hans-Hermann Kropf)

Umschlag von Edgar Dambacher unter Verwendung einer Aufnahme von Hanns-Jürgen
Krause

Grafische Gestaltung von Siegfried Fischer

CIP-Kurztitelaufnahme der Deutschen
Bibliothek

Krause, Hanns-Jürgen:
Aquarienwasser : Diagnose u. Therapie /
Hanns-Jürgen Krause.
In Zusammenarbeit mit E. Merck, Darmstadt. –
Stuttgart : Franckh, 1985.
    (Kosmos-Vivarium in Farbe)
    ISBN 3-440-05563-9

Franckh'sche Verlagshandlung, W. Keller & Co.,
Stuttgart / 1985
© 1985, Franckh'sche Verlagshandlung,
W. Keller & Co., Stuttgart
Printed in Italy / Imprimé en Italie / LH 14 rr /
ISBN 3-440-05563-9
Satz: G. Müller, Heilbronn
Reproduktion, Druck und Buchbinder:
Grafische Muzzio, Padua, Italien

Aquarienwasser

A. Wasser und Wasserchemie

Wasser, was ist das eigentlich?

Ohne Wasser kein Leben! Vor über 2 Milliarden Jahren, als unsere Erde noch mit dampfenden Vulkanen übersät und dicht in feuchtwarme Wolken gehüllt war, begann ganz langsam sich das erste primitive Leben zu regen. Im Verlauf von vielen Hundert Millionen Jahren entstanden daraus einfachste Algen, und ihr Lebensraum war das Wasser! Und Wasser war es auch, in dem sich die allerersten tierischen Lebewesen entwickelten, vorerst noch weichhäutige und wirbellose Meerestiere. Vor 300 Millionen Jahren erst hatte sich das Leben im Wasser so hoch entwickelt, daß die ersten Pflanzen das Wasser verlassen und das Land besiedeln konnten. Später folgten die Tiere. Aber noch heute sind alle Pflanzen und Tiere der Erde auf das Wasser angewiesen! Sie würden jämmerlich zugrunde gehen ohne das kostbare und lebenserhaltende Naß!

Was ist Wasser? – Der Physiker sieht eine klare Flüssigkeit, die bei 0 °C zu Eis wird und bei 100 °C verdampft. Merkwürdig ist, daß das Wasser bei + 4 °C seine größte Dichte besitzt, also am schwersten ist und demzufolge nach unten drückt. So kommt es, daß noch kälteres Wasser und Eis an der Oberfläche bleiben. Das ist biologisch von größter Bedeutung, denn so bleibt in unseren Seen auch während des Winters in den tiefen Schichten noch Wasser als Lebensraum erhalten, das oben durch eine dicke Eisschicht vor weiterem Gefrieren gut geschützt wird. Gäbe es diese Dichte-Anomalie bei + 4 °C nicht, so würde in allen Seen von unten her ein Eisblock langsam nach oben wachsen und das Leben im Wasser auslöschen.

Der Chemiker sieht im Wasser eine geruchs- und geschmacklose Flüssigkeit, die weder Säure- noch Basencharakter hat, obwohl sie die entscheidenden Merkmale einer Säure (H-Ionen) bzw. einer Base (OH-Ionen) enthält. Die Analyse zeigt: Wasser ist das Reaktionsprodukt der beiden Gase Wasserstoff und Sauerstoff. Verbrennen wir 2 Raumteile Wasserstoff (H) und 1 Raumteil Sauerstoff (O), so erhalten wir Wasser mit der chemischen Formel H_2O. Dem Chemiker fällt auf, daß das Wasser außerordentlich viele andere Stoffe in Lösung bringen und halten kann; es ist geradezu der Spitzenreiter unter den Lösungsmitteln! Auch das ist biologisch von größter Bedeutung, denn das Wasser als Biotop muß ja zugleich Lösungsmittel sein für alle Nährstoffe und Stoffwechselprodukte der darin lebenden Pflanzen und Tiere.

Biologisch gesehen ist chemisch reines Wasser – also reines H_2O – ein absolut toter Lebensraum. Nicht nur weil es nährstofffrei ist, sondern auch weil darin jede lebende Zelle aus osmotischen Gründen aufquellen würde bis zum Zerplatzen. Biologisch einwandfreies Wasser muß deshalb unbedingt eine Mindestmenge an gelösten Stoffen enthalten! Meist handelt es sich dabei um Salze der verschiedensten Art. Das gilt für unser Trinkwasser genauso wie für unser Aquarienwasser!

Im Wasser gelöste Stoffe

Es lassen sich prinzipiell drei Stoffgruppen unterscheiden

1. Gase

Jedes Wasser steht in einer Wechselbeziehung mit dem darüberstehenden Luftraum. Es nimmt aus der Luft Sauerstoff (O_2), Stickstoff (N_2), Kohlendioxid (CO_2) und weitere Gase auf, bis sich ein Gleichgewicht eingestellt hat. Auch die Abgabe von Gasen ist möglich. Hat man zuvor dem Wasser z.B. viel Kohlendioxid zugeführt, so gibt es anschließend so viel CO_2 an die Luft ab, bis sich wieder das Gleichgewicht eingestellt hat (CO_2-haltige Getränke werden »schal« beim Stehen an der Luft!). Die Einstellung des Gleichgewichtes läßt sich beschleunigen, z.B. durch Belüften des Wassers mit Sprudelstein und Luftpumpe.

Als Gleichgewicht mit der normalen Luft stellen sich bei 20 °C folgende Werte ein:

Tabelle 1. Gelöste Gase in der Luft und im Wasser

	in der Luft	im Wasser
Stickstoff (N_2)	78,1 %	14,2 ppm[1]
Sauerstoff (O_2)	20,9 %	8,9 ppm
Kohlendioxid (CO_2)	0,03 %	0,51 ppm
div. Edelgase	0,97 %	—

---

[1] zur Maßeinheit »ppm« siehe Seite 13.

2. Salze

Alle natürlichen Wässer lösen bei ihrem Weg durch das Erdreich die verschiedensten Mineralien, die dann überwiegend als Salze im Wasser nachweisbar sind. Je nach geologischer Struktur des Quellgebietes sind andere Salze im Wasser gelöst.

Unter einem Salz versteht der Chemiker das Reaktionsprodukt aus einer Säure und einer Base. So entsteht z.B. bei der Reaktion von Salzsäure mit Natronlauge das Natriumchlorid als Salz. In der chemischen Formelsprache sieht das so aus:

$$HCl + NaOH \rightarrow NaCl + H_2O$$

Das in diesem Fall entstandene Salz NaCl ist das in der Küche bekannte Kochsalz. Weil es aber sehr viele Säuren gibt, die mit vielen verschiedenen Basen reagieren können, gibt es entsprechend viele verschiedene Salze. Je nach den Ursprungsstoffen haben die Salze alle verschiedene chemische Formeln und natürlich auch andere Eigenschaften.

Interessanterweise können sich die Wassermoleküle beim Lösungsvorgang so intensiv in die meisten Salzmoleküle hineindrängen, daß die Salzmoleküle in Ionenpaare aufgespalten werden (Dissoziation). Aus einem zuvor elektrisch neutralen Salzmolekül entstehen ein positiv geladenes und ein negativ geladenes Ion (Kation und Anion). Art und Größe der elektrischen Ladung werden in chemischen Formeln mit + oder − gekennzeichnet. Beim Kochsalz z.B. sieht das so aus:

$$NaCl \rightarrow Na^+ + Cl^-$$

Im Wasser schwimmen also genau besehen keine Salze, sondern deren elektrisch geladene Bruchstücke (Ionen). Weil das Wasser viele verschiedene Salze lösen kann, so schwimmen auch darin die verschiedensten Ionen herum. Die Aufspaltung in Ionen ist so gründlich, daß die Ionen ein völlig unabhängiges Eigenleben führen; es geht sogar so weit, daß man hinterher kaum feststellen kann, aus welchen Salzen sie ursprünglich stammen. Und deshalb werden bei den Wasseranalysen grundsätzlich nicht die Salze angegeben, sondern nur die aufgefundenen Ionen.

Im Wasser können z.B. folgende Ionen nachweisbar sein:

Tabelle 2. Beispiele wasserlöslicher Ionen

positiv geladene Ionen (Kationen)	negativ geladene Ionen (Anionen)
Ammonium NH_4^+	Chlorid Cl^-
Kalium K^+	Hydrogen-
Natrium Na^+	carbonat HCO_3^-
Calcium Ca^{++}	Nitrat NO_3^-
Eisen Fe^{++}	Nitrit NO_2^-
Kupfer Cu^{++}	Sulfat SO_4^{--}
Magnesium Mg^{++}	Phosphat PO_4^{---}
Mangan Mn^{++}	

Im Meerwasser ist die Konzentration der verschiedenen Ionen weltweit nahezu gleich. Hierauf basieren die Rezepte der Hersteller von künstlichem Meerwasser. Tabelle 3 zeigt die Hauptbestandteile in der Salzform pro Liter Wasser:

Tabelle 3. Hauptbestandteile des Meerwassers

NaCl	28,014 g
$MgCl_2$	3,812 g
$MgSO_4$	1,752 g
$CaSO_4$	1,283 g
K_2SO_4	0,816 g
$CaCO_3$	0,122 g
K Br	0,101 g
$SrSO_4$	0,282 g

Im Süßwasser könnten zwar grundsätzlich sämtliche Ionen in beliebig unterschiedlicher Konzentration auftreten, doch überraschenderweise besteht in nahezu allen Süßwässern ein sehr ähnliches Verhältnis aller Ionenanteile zueinander. Und zwar gilt dies unabhängig vom Gesamtsalzgehalt! Das heißt also, daß zwar die Süßwässer sehr wohl stark unterschiedliche Salzmengen insgesamt gesehen aufweisen können, doch sind die relativen Anteile der verschiedenen Ionen am Gesamtsalzgehalt – also das Ionenspektrum – erstaunlich gleich. Bei Untersuchungen der Süßwasserseen der ganzen Welt ergaben sich die folgenden Mittelwerte, die sogenannte Standardionenkombination:

Tabelle 4. Standardionenkombination (Prozentanteile in mg). Nicht aufgeführte Ionen sind nur spurenweise vertreten.

Kationen		Anionen	
Ca^{++}	70,2%	HCO_3^-	63,7%
Mg^{++}	19,2%	SO_4^-	27,0%
Na^+	8,6%	Cl^-	8,7%
K^+	1,8%		
		Summe	99,4%
Summe	99,8%		

Von dieser Standardionenkombination weichen nur wenige Süßwässer merklich ab. Zu den Ausnahmen zählen z.B. der Schwarzwasserfluß Rio Negro, bei dem anstelle von Hydrogencarbonationen die Sulfat- und Chloridionen deutlich überwiegen, oder der Tanganjikasee mit seinem deut-

Bild 1. Seitenarm des Rio Negro (Amazonasgebiet). Die dunkle, rotbraune Eigenfärbung des Schwarzwassers absorbiert bereits in 10 bis 20 cm Wassertiefe etwa 50 % des einfallenden Lichtes. Typische Wasserwerte sind: pH-Wert 4, Leitfähigkeit 10 µS/cm und ein hoher Gehalt an organischen Stoffen (hoher $KMnO_4$-Verbrauch).

lich erhöhten Natriumgehalt (siehe Analysen auf Seite 56).

3. Organische Verbindungen

Dies sind umfangreiche und vielfältige chemische Verbindungen, die häufig als Stoffwechselprodukte tierischen und pflanzlichen Lebens anfallen. Sie müssen deshalb in der Regel als unerwünschte Verunreinigungen angesehen werden. Ein gut arbeitender Aquarienfilter kann die meisten organischen Stoffe, z.B. Eiweiße, Harnstoff usw., umwandeln in relativ harmlose Salze (bzw. Ionen) und Kohlendioxid.

Wässer aus Moorgebieten enthalten viele organische Verbindungen, die jedoch nicht als bedenkliche Verunreinigung anzusehen sind. Es sind Humusstoffe, die durch die unvollständige Zersetzung von Pflanzenresten z.B. bei der Torfbildung ins Wasser gelangen. Vorherrschend sind Huminsäuren und Fulvosäuren; beide geben dem Wasser den typischen schwachen Säurecharakter.

Die Fulvosäuren erzeugen außerdem die charakteristische braune Farbe der Moorwässer und der tropischen Schwarzwasserflüsse, wie sie z.B. in einigen Gebieten von Indonesien, Malaysien und Amazonien (Bild 1) anzutreffen sind.

Bild 2. Zuchterfolge hängen oft vom richtigen Wasser ab. Hier ein Skalar *(Pterophyllum scalare)* bei der Pflege des Geleges.

Unser Aquarienwasser

Unsere im Aquarium gepflegten Pflanzen und Tiere stammen meist aus weit entfernten Ländern der Erde, wo sie in den verschiedensten Gewässern aufgewachsen sind. Jeder Gewässertyp unterscheidet sich wesentlich von den anderen durch die Menge und Art der im Wasser gelösten Stoffe. Wenn wir unseren Pfleglingen optimale Lebensbedingungen bieten wollen, müssen wir versuchen, unser Aquarienwasser den jeweiligen Heimatgewässern möglichst ähnlich zu gestalten. Zwar sind nicht von allen Fundorten beliebter Zierfische die genauen Wasserdaten bekannt, doch

sind auf vielen aquaristischen Forschungsreisen auch Wasseranalysen von typischen Gewässergebieten durchgeführt worden, die uns einen wertvollen Anhalt geben können. Beispiele von Analysen verschiedener tropischer Gewässer sind auf Seite 56 aufgeführt.

Im Zoogeschäft werden neben wertvollen Importen auch preiswerte Fische aus Großzuchtanlagen angeboten, die an das hiesige Wasser gewöhnt sind. Hier entfällt natürlich das Problem, unser Aquarienwasser den Wasseranalysen der fernen Ursprungsländer anpassen zu müssen. Aber auch hier muß das Aquarienwasser regelmäßig kontrolliert werden, denn z.B. durch die tägli-

11

che Fütterung bzw. den Kot der Fische verändert sich das Wasser nachteilig und reichert sich im Laufe der Zeit mit Schadstoffen an. Und zwar auch beim Gebrauch des besten und teuersten Aquarienfilters! Eine gute Wasserpflege ist das Geheimnis des erfolgreichen Aquarianers! Voraussetzung hierfür ist, daß die Bestandteile des jeweiligen Wassers genau bekannt sind. Durch spezielle Reagenzien aus der Wasserchemie lassen sich die im Wasser gelösten Stoffe nach Menge und Art bestimmen. Damit kann das Wasser als Umwelt der darin lebenden Tiere und Pflanzen analysiert und genau beschrieben werden; dies ist eine notwendige Voraussetzung für die richtige Aufbereitung und gegebenenfalls erforderliche Korrektur des Aquarienwassers (Bild 2)!

Wasserchemie in der Aquarienpraxis

Aquarienchemie ist heute kein Hexenwerk mehr und erfordert keinerlei Spezialkenntnisse. Im Zoohandel werden viele einfach zu handhabende Test-Sets angeboten, mit denen alle aquaristisch wichtigen Wasserdaten auch von ungeübten Laien schnell und sicher gemessen werden können.

Wer chemisch nicht vorbelastet ist, hat oft Angst vor dem Umgang mit chemischen Reagenzien. Die Angst ist völlig unbegründet, wenn die untenstehenden, einfachen Sicherheitsregeln beachtet werden. In jedem normalen Haushalt werden bedenkenlos zahlreiche Chemikalien benutzt, die keinesfalls harmlos sind, sondern sogar sehr gefährlich werden können. Dies sind z.B.: Essigessenz, Haarfärbemittel (Peroxide!), Fleckenmittel aller Art, WC-Reiniger usw. Auch Arzneimittel einschließlich Fischheilmittel gehören dazu! – Das beweist: Nicht Angst, sondern umsichtiges Handeln ist die richtige Devise!

Sicherheitsregeln: Bei chemischen Arbeiten grundsätzlich nicht essen, nicht trinken, nicht rauchen (es besteht die Gefahr, daß dabei Substanzen in den Mund geraten). Berührung der Substanzen mit der Hand vermeiden, nach eventuellen Hautkontakten gut unter fließendem Wasser abspülen. Alle Reagenzien müssen – ebenso wie Arzneimittel – für Kinder unerreichbar aufbewahrt werden.

Nach beendetem Test kann die mit Reagenzien vermischte Wasserprobe ohne weiteres in den Ausguß geschüttet werden. Gut nachspülen! Moderne, umweltbewußte Hersteller verwenden in den Test-Sets ausschließlich Substanzen, die in den Kläranlagen keinerlei Störungen hervorrufen können! Der Ausguß in der Küche allerdings muß unbedingt tabu bleiben, weil darin auch Lebensmittel und Geschirr gewaschen werden.

Daraus ergibt sich: der beste Arbeitsplatz für wasserchemische Untersuchungen ist – wie beim Hobby-Fotolabor – das Waschbecken im Badezimmer!

Obwohl jede Test-Packung eine genaue Gebrauchsanweisung enthält, hier noch einige Hinweise:

Bei den meisten Tests reagiert die Wasserprobe farbig und muß anschließend mit den Farben einer beigefügten Tafel verglichen werden. Der Farbvergleich sollte möglichst bei Tageslicht durchgeführt werden, denn hierauf sind die Farben abgestimmt. Bei Kunstlicht können je nach Lampenart Ablesefehler bis zu zwei Farbstufen vorkommen. Wer abends bei Kunstlicht viel und genau messen muß, der benutze dazu eine

5000 °K-Tageslicht-Leuchtstofflampe, wie z.B. Osram Lichtfarbe Nr. 19 oder Philips Lichtfarbe Nr. 47.

Beim Gebrauch von Tropfflaschen ist es unbedingt wichtig, die Flaschen senkrecht zu halten und langsam zu tropfen (ca. 1 Tropfen pro Sekunde). Andernfalls wird die richtige Tropfengröße und damit die richtige Reagenzmenge nicht erreicht. Insbesondere bei Titrationsbestimmungen (z.B. GH, KH) treten dann erhebliche Meßfehler auf (Bild 3).

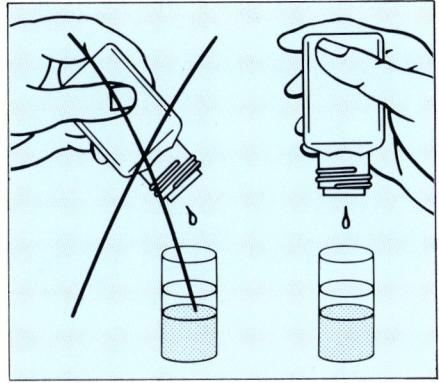

Bild 3: Flaschen *senkrecht* halten und *langsam* tropfen (ca. 1 Tropfen pro sec)! Andernfalls ist die richtige Tropfengröße nicht gewährleistet und das Meßergebnis ungenau.

Bei den meisten Tests erhält man das Ergebnis in mg/l (**Milli**gramm pro **L**iter) oder in ppm (**p**arts **p**er **m**illion). Beide Maße unterscheiden sich durch ihre Definition (Masse pro Volumen bzw. Anteile je Million). Weil aber 1 Liter Wasser die Masse 1 kg besitzt, sind in der Wasserchemie die beiden Maße mg/l und ppm als völlig gleich anzusehen.

Die angegebenen Mengen-Grenzwerte bei den Wasserbestandteilen dürfen nicht unbedingt als absolute Grenzen angesehen werden. Die Unverträglichkeitsgrenzen mancher Stoffe sind vielfach von der Gegenwart anderer Stoffe abhängig. So werden z.B. ganz extreme CO_2-Mengen gut vertragen, wenn gleichzeitig das Sauerstoffangebot hoch ist. Vor allem aber spielt die jeweilige Art der Fische eine entscheidende Rolle und natürlich deren Futterzustand und Gesundheit. Robuste Tiere vertragen unter günstigen Bedingungen überraschend hohe Werte. Die in diesem Buch angegebenen Grenzwerte gelten für die normale Aquarienpraxis auch unter weniger günstigen Umständen.

Anfänger neigen vielfach dazu, den Wert eines einzelnen Testergebnisses zu überschätzen. Das Wasserklima setzt sich aber aus vielen Komponenten zusammen, die oftmals miteinander verkoppelt sind. So ist z.B. ein hoher Ammoniumgehalt nur gefährlich, wenn zugleich der pH-Wert hoch ist; oder ein niedriger pH-Wert unter Umständen dann, wenn die Karbonathärte hoch ist usw. (in den einzelnen Kapiteln wird darauf genau eingegangen). Es ist wie bei einem großen Orchester: Die Gesamtheit aller Instrumente entscheidet über den Wohlklang! Ich muß allerdings zugeben: Wenn ein wichtiges Instrument (oder Testergebnis) arg danebenliegt, dann kann schon Schlimmes passieren.

B. Diagnose und Therapie des Aquarienwassers

Die aquaristisch wichtigsten Bestandteile

1. Gesamthärte GH

Bedeutung. Als Gesamthärte wird die Summe aller im Wasser gelösten, sogenannten »Erdalkali«-Ionen bezeichnet. Den weitaus größten Anteil dabei stellen die Calcium- und Magnesium-Ionen, während Strontium und Barium meist nur in Spuren vorhanden sind.

Calcium hat als Kalkbildner eine sehr große Bedeutung für den Aufbau des Knochen-gerüstes bei Fischen und der Gehäuse von Schalentieren (Schnecken, Muscheln usw.). Außerdem spielt es bei der Zellwandbildung und Zellteilung, also letztlich im ganzen Organismus eine wichtige Rolle. Magnesium ist insbesondere für das Pflanzenwachstum unentbehrlich, weil es das Zentralatom im lebensnotwendigen Blattgrün »Chlorophyll« bildet. Im tierischen Stoffwechsel ist Magnesium vonnöten, es wirkt u. a. als wichtiger Aktivator des Zuckerabbaues.

Messung. Am schnellsten und einfachsten läßt sich die Gesamthärte mit Merckoquant®-Teststäbchen Nr. 10046 bestim-

Bild 4. Die Gesamthärte kann mit dem Aquamerck® Tropftest Nr. 14652 leicht und genau bestimmt werden. Noch schneller und einfacher geht es mit Merckoquant® Teststäbchen Nr. 10046 (vorn links).

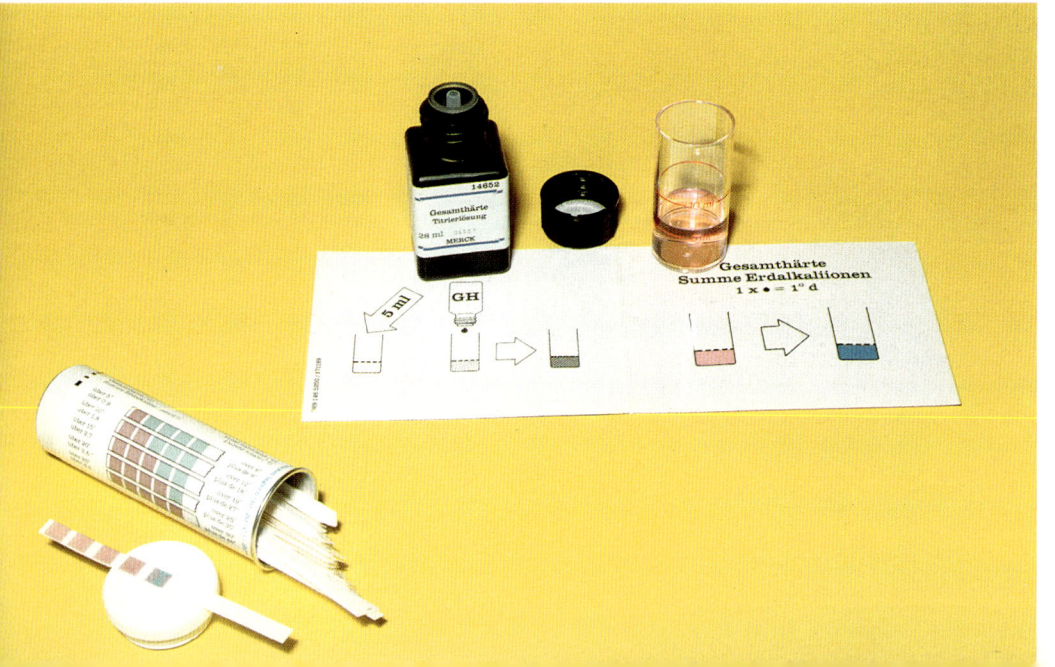

men. Ein Teststäbchen wird für 1 sec ins Wasser getaucht und dann die Anzahl der von Grün nach Violett umgefärbten Farbfelder mit einer Tabelle verglichen. Allerdings erlaubt dieser Test nur eine großzügige Orientierung über die Gesamthärte in sechs Stufen: unter 3°d, jeweils über 5°, 10°, 15°, 20° und 25°d.

Genauere Messungen erlaubt der Aquamerck® Gesamthärte-Test Nr. 14652. Das Meßgefäß wird mit 5 ml Aquarienwasser gefüllt; dann wird unter Umschwenken so viel GH-Reagenzlösung hineingetropft, bis die Farbe der Wasserprobe von Rot nach Blau umschlägt. Jeder verbrauchte Tropfen entspricht 1 Grad Gesamthärte (Bild 4).

Falls die Gesamthärte auf 0,5°d genau bestimmt werden soll, wird das Meßgefäß anstelle von 5 ml mit 10 ml gefüllt. Jeder verbrauchte Tropfen an GH-Reagenzlösung entspricht dann 0,5°d Gesamthärte.

Bei der Umrechnung von °d Gesamthärte in andere Maße hilft Tabelle 5.

Grenzwerte. Sie sind stark abhängig von der Art der gepflegten Fische und den aquaristischen Zielvorstellungen. So wird sehr weiches Wasser unter 2°d Gesamthärte bei der Zucht von einigen Fischen, wie Diskus, Neonsalmler usw., verlangt[1]. Beschränkt man sich aber auf die Haltung und Pflege dieser Tiere, so ist weiches bis mittelhartes Wasser etwa von 4 bis 14°d durchaus geeignet. In diesem Bereich fühlen sich auch die meisten gängigen Zierfische am wohlsten. Für viele Cichliden aus dem Tanganjika- und Malawisee muß bei der Zucht die Gesamthärte etwa 8–14°d betragen. Beschränkt man sich auf die Pflege der gängigen Zierfische, ohne sie unbedingt züchten zu wollen, so werden Gesamthärtegrade bis 20°d und auch darüber problemlos toleriert.

Tabelle 5. Umrechnungstafel Gesamthärte
Erdalkali-Ionen mmol/l
Deutsche Grad °d
Englische Grad °e
Französische Grad °f
Amerikanische Grad °US.

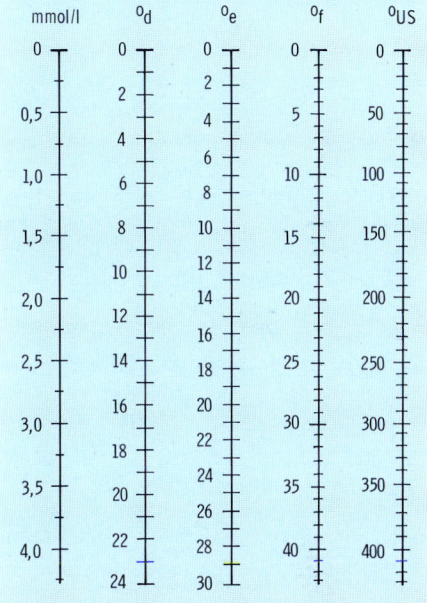

Wasserpflanzen gedeihen erfahrungsgemäß in härteren Wässern meist besser als in weichen, und zwar auch dann, wenn sie aus Gewässern unter 1°d direkt importiert worden sind.

Beeinflussung. Soll die Gesamthärte angehoben werden, so gibt man Calciumsulfat (z.B. Merck Nr. 2160) hinzu. Um in 100 l Wasser die Gesamthärte um 1°d zu

---

[1] Genaugenommen wird nicht weiches, sondern generell salzarmes Wasser verlangt. Näheres siehe unter »Leitfähigkeit«.

erhöhen, werden 3,1 g Calciumsulfat ($CaSO_4 \cdot 2H_2O$) benötigt[1].

Soll gleichzeitig auch die Carbonathärte (siehe dort!) um die gleiche Gradzahl angehoben werden, gibt man nicht Calciumsulfat, sondern Calciumcarbonat hinzu. Besonders geeignet ist »gefälltes« Calciumcarbonat, weil es feinst gekörnt ist und sich leichter löst (z.B. Merck Nr. 2069). Um in 100 l Wasser Gesamt- und Carbonathärte um je 1°d zu erhöhen, werden 1,8 g Calciumcarbonat $CaCO_3$ benötigt[1].

Soll die Gesamthärte gesenkt werden, so geht man am besten von »vollentsalztem« Wasser aus und vermischt es bis zum gewünschten Härtegrad mit dem vorhandenen Leitungswasser. Vollentsalztes Wasser wird mittels sogenannter Ionenaustauscher aus gewöhnlichem Leitungswasser gewonnen; nach einiger Gebrauchszeit sind sie erschöpft und müssen regeneriert werden. Werden täglich mehrere hundert Liter entsalztes Wasser gebraucht, so können Geräte nach dem Revers-Osmose-Verfahren wesentlich wirtschaftlicher sein: Ihre Anschaffung ist zwar erheblich teurer, doch

entfällt die regelmäßige Regenerierung. Bei beiden Verfahren bleibt das Verhältnis aller Ionen untereinander erhalten, denn das Wasser wird gewissermaßen nur verdünnt[2].

Die in der Aquarienliteratur gelegentlich erwähnte »Teilentsalzung« hat den Nachteil, daß das Mischungsverhältnis der Ionen untereinander im Wasser erheblich verändert wird. Weil dadurch ein recht ungewöhnliches Ionenverhältnis entsteht, ist dieses Verfahren nicht zu empfehlen.

Gänzlich abzulehnen ist der sogenannte »Neutralaustausch«. Hier werden sämtliche Kationen durch Natriumionen ersetzt. Es entsteht ein völlig unbiologisches Wasser, das auch in chemischer Hinsicht aquaristisch absolut untauglich ist.

Eine wirksame Härtesenkung ist auch durch Filterung über Torf möglich. Torf wirkt ähnlich wie ein Ionenaustauscher. Jedoch sind die im Handel angebotenen Torfe qualitativ derart verschieden, daß verläßliche und reproduzierbare Ergebnisse kaum erzielt werden können. Man kommt um eigene Versuche nicht herum und beginnt mit 0,5 bis 1 Liter Torf auf 100 l Aquarienwasser. Ist das Ergebnis unbefriedigend, wird der nach einiger Zeit erschöpfte Torf ausgewechselt. – Auf keinen Fall gedüngten Torf nehmen! Es besteht die Gefahr lästiger Algenentwicklung oder Fischvergiftung. Bei geringstem Verdacht den Torf prüfen: eine kleine Probe wird in vollentsalztem (»destilliertem«) Wasser über Nacht eingeweicht und dann das Wasser auf Ammonium und Nitrat getestet (siehe Seite 19 und S. 24).

2. Carbonathärte KH

Bedeutung. In den meisten Wässern sind als Salzbestandteile auch größere Mengen

---

[1] Bereitet das Abwiegen solcher kleinen Mengen Schwierigkeiten, hilft folgender Weg: die 10fache Substanzmenge wird in 100 ml Leitungswasser aufgelöst. Je 10 ml dieser Lösung enthalten dann die für 1°d Erhöhung in 100 l Wasser nötige Substanzmenge.

[2] Ionenaustauscher-Kleinanlagen zur Vollentsalzung werden, falls im Zoofachhandel nicht erhältlich, u.a. geliefert von:
Christ GmbH, Eltingerstr. 60, 7250 Leonberg
W. Herrmann & Co, Planckstr. 26, 7141 Freiberg
Fa. Seral, 5412 Ransbach-Baumbach
H. Stein, Florastr. 45, 4100 Duisburg 13
Geräte zur Revers-Osmose liefert u.a.:
Fa. Seral, 5412 Ransbach-Baumbach

an Carbonat- und Hydrogencarbonationen enthalten. Wie die Formeln CO_3^{--} und HCO_3^- zeigen, handelt es sich dabei um negativ geladene Ionen (siehe Tabelle 2 auf Seite 9). Soweit für die CO_3- und HCO_3-Ionen gleichzeitig äquivalente Mengen an Calcium- und Magnesiumionen (vgl. Gesamthärte!) vorhanden sind, werden sie als Bildner der Carbonathärte angesehen. Das heißt, definitionsgemäß kann die Carbonathärte niemals größer sein als die Gesamthärte! Bei den meisten Wässern ist auch bei der Messung die Carbonathärte tatsächlich deutlich geringer als die Gesamthärte. Umrechnungen aus der Standardionenkombination (Seite 9) ergeben, daß im Mittel die Carbonathärte 89% der Gesamthärte beträgt.

Nun gibt es aber sehr wohl Wässer, bei denen KH größer als GH gemessen wird. So z.B. beim Tanganjikasee, wie die Analyse auf Seite 56 zeigt. Dann sind im Wasser mehr CO_3- und HCO_3-Ionen enthalten, als äquivalente Mengen an Ca- und Mg-Ionen zugegen sind. Das bedeutet, daß das Wasser außer den Erdalkali(hydrogen)carbonaten auch noch solche anderer Kationen enthält. Da wären z.B. $NaHCO_3$, Na_2CO_3, K_2CO_3 usw. In solchen Fällen wird korrekterweise KH = GH gesetzt; der »Überschuß« wird dann zumeist als Natriumcarbonat Na_2CO_3 angesehen. – Der Berufs-Wasserchemiker benutzt eine elegantere Lösung: Er mißt nach genau demselben Verfahren, gibt aber das gesamte Ergebnis als »Säurekapazität« in mmol/l[1] an (früher: »Säurebindungsvermögen, SBV«)! Den Begriff »Carbonathärte« ignoriert er völlig und vermeidet so die damit verbundene

---

[1] Millimol pro Liter.

Problematik. Weil aber der Begriff »Carbonathärte« im allgemeinen Sprachgebrauch (noch?) weit verbreitet ist und deshalb meist besser verstanden wird, soll er hier ausnahmsweise beibehalten werden.

Die Bildner der Carbonathärte üben im Aquarium eine wichtige Funktion als pH-Puffer aus. Je höher die Carbonathärte, desto höher ist der pH-Wert bei sonst gleichen Bedingungen. Aquarienwässer mit geringer Carbonathärte haben dagegen einen ziemlich niedrigen pH-Wert, der z.B. bei höherem Kohlendioxidgehalt (CO_2) unerwünscht tief absinken kann.

Die Abhängigkeit zwischen Carbonathärte, CO_2 und pH-Wert ist aquaristisch von so enormer Bedeutung, daß auf S.48 ganz speziell darauf eingegangen wird.

Messung. Der Aquamerck® Carbonathärte-Test Nr. 14 653 eignet sich sowohl für Süß- als auch für Seewasser. Das Meßgefäß wird mit 5 ml Aquarienwasser gefüllt; dann wird unter Umschwenken so viel KH-Reagenzlösung hineingetropft, bis die Farbe der Wasserprobe von Blau nach Gelb umschlägt. Jeder verbrauchte Tropfen entspricht 1 Grad Carbonathärte (Bild 5).

Falls die Carbonathärte auf 0,5°d genau bestimmt werden soll, wird das Meßgefäß anstelle von 5 ml mit 10 ml gefüllt. Jeder verbrauchte Tropfen an KH-Reagenzlösung entspricht dann 0,5°d Carbonathärte. Bei der Umrechnung von °d Carbonathärte in andere Maße hilft Tabelle 6.

Grenzwerte. Aquaristisch ideal sind Carbonathärten zwischen 3 und 10°d. Wässer unter 3°d sind zwar unter Umständen notwendig bei der Nachzucht von Fischen aus extremen Weichwassergebieten (z.B. Amazonien); doch kann leicht der pH-Wert solcher Aquarienwässer zu tief sinken, so daß laufende Kontrollen not-

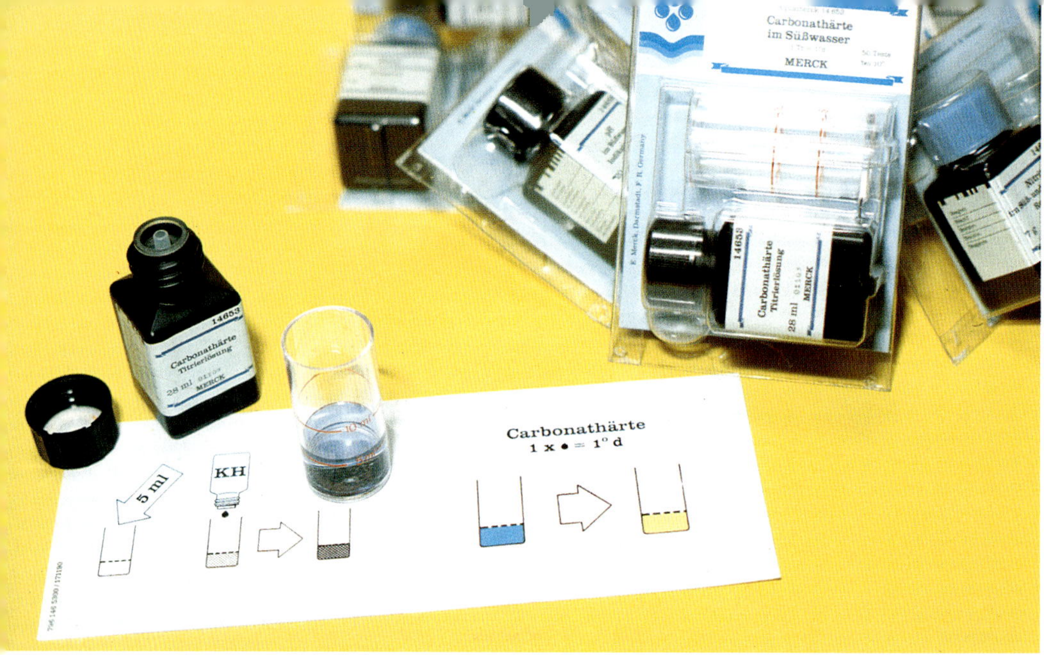

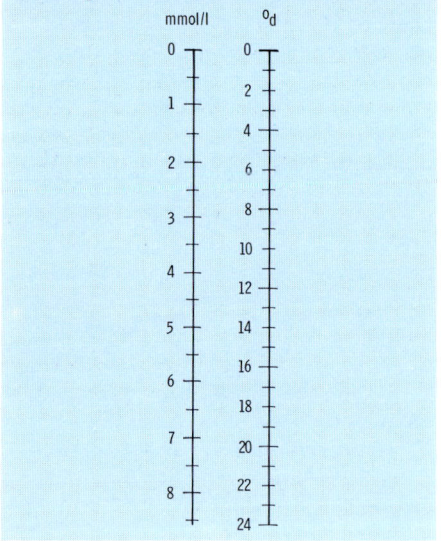

Bild 5. Beim Aquamerck® Carbonathärte-Test Nr. 14653 entspricht die Anzahl der bis zum Farbumschlag verbrauchten Tropfen der Carbonathärte in Deutschen Graden °d (vorn links). Rechts oben im Bild verschiedene weitere Aquamerck® Wasser-Schnelltests in der preisgünstigen Schiebe-Blisterverpackung.

Tabelle 6. Umrechnungstafel Carbonathärte KH.
Säurekapazität mmol/l – Deutsche Grad °d.

mmol/l	^{o}d
0	0
1	2
	4
2	6
3	8
	10
4	12
5	14
	16
6	18
7	20
	22
8	24

wendig sind. – Wässer zwischen 10 und 20°d KH werden von den meisten Zierfischen ohne weiteres vertragen, Tiere aus dem Tanganjikasee bzw. Malawisee fühlen sich darin sogar heimisch. Leider neigen aber Wässer mit hoher Carbonathärte dazu, am Beckenrand häßliche Kalkkrusten zu hinterlassen.

Beeinflussung. Die Senkung der Carbonathärte ist möglich durch Verdünnen des Aquarienwassers mit entsalztem Wasser, das mittels Ionenaustauscher gewonnen wird. Dieses Verfahren wurde bereits im

18

Kapitel »Gesamthärte« (siehe dort) erwähnt.

Zur Erhöhung der Carbonathärte stehen zwei Wege offen. Soll neben der Carbonathärte gleichzeitig auch die Gesamthärte angehoben werden, so gibt man für je 1°d und 100 l Aquarienwasser 1,8 g gefälltes Calciumcarbonat $CaCO_3$ (z.B. Merck Nr. 2069) hinzu. Dieses Verfahren wurde bereits im Kapitel »Gesamthärte« (siehe dort) erwähnt.

Wenn allein nur die Carbonathärte erhöht werden soll, so gibt man für je 1°d und 100 l Aquarienwasser 3,0 g Natriumhydrogencarbonat $NaHCO_3$ (z.B. Merck Nr. 6329) hinzu.

3. Ammonium NH_4^+

Bedeutung. In jedem Aquarium fallen organische Verunreinigungen an z.B. in Form von Futterresten und Fischkot. Ein Großteil dieser Schadstoffe sind Eiweiße, die von einem Heer nützlicher Bakterien zerlegt werden. Ammonium-Ionen sind eines der letzten Zwischenprodukte dieses langwierigen und vielstufigen Eiweißabbauprozesses, der dann schließlich über Nitrit beim Nitrat endet. In jedem biologisch gut eingefahrenen Aquarienfilter läuft mit Bakterienhilfe ein oxidativer Reinigungsprozeß ab nach folgendem groben Schema: Eiweiße → Peptide → Aminosäuren → Ammonium → Nitrit → Nitrat.

Eine weitere wesentliche Ammoniumquelle ist der Urin der Fische; er enthält Ammonium sowie große Mengen an Harnstoff, die beim Zerfall u.a. weiteres Ammonium freisetzen.

Für unsere Aquarienpflanzen ist Ammonium eine zwar wertvolle und beliebte Stickstoffquelle, doch fällt in den meisten Aquarien mehr davon an, als die Pflanzen aufnehmen können. So kommt es mit der Zeit zu einem Überschuß, der in der Regel biologisch weiteroxidiert wird über Nitrit zu Nitrat.

Das Ammonium-Ion NH_4^+ ist ungiftig. Leider hat es aber die Eigenart, sich teilweise in das giftige Ammoniak NH_3 umzuwandeln. Und zwar um so mehr, je höher der pH-Wert ist. Bei sinkendem pH-Wert wandelt es sich wieder zurück zum ungiftigen NH_4^+-Ion. Das ist ein rein chemischer Prozeß, der spontan und ohne Bakterienhilfe abläuft; er ist beliebig oft wiederholbar:

Tabelle 7. Der Anteil des giftigen Ammoniak hängt vom pH-Wert ab.

pH-Wert	ungiftiges NH_4^+	giftiges NH_3
unter 6,8	100 %	0 %
7,0	99 %	1 %
8,0	96 %	4 %
9,0	68 %	32 %
10,0	20 %	80 %

Messung. Der Aquamerck® Ammonium-Test Nr. 14 657 ist sehr umweltfreundlich konzipiert, denn er kommt ohne die sonst üblichen giftigen Quecksilberverbindungen aus. Im Süß- und Seewasser kann damit das Ammonium im Bereich von 0,5 bis 10 ppm gemessen werden. Zu einer 5 ml-Wasserprobe werden nacheinander drei Reagenzien gegeben, wobei nach der zweiten und der letzten Zugabe 5 min Wartezeit einzulegen sind; anschließend wird die entstandene Färbung mit der beigefügten Farbtafel verglichen (Bild 6).

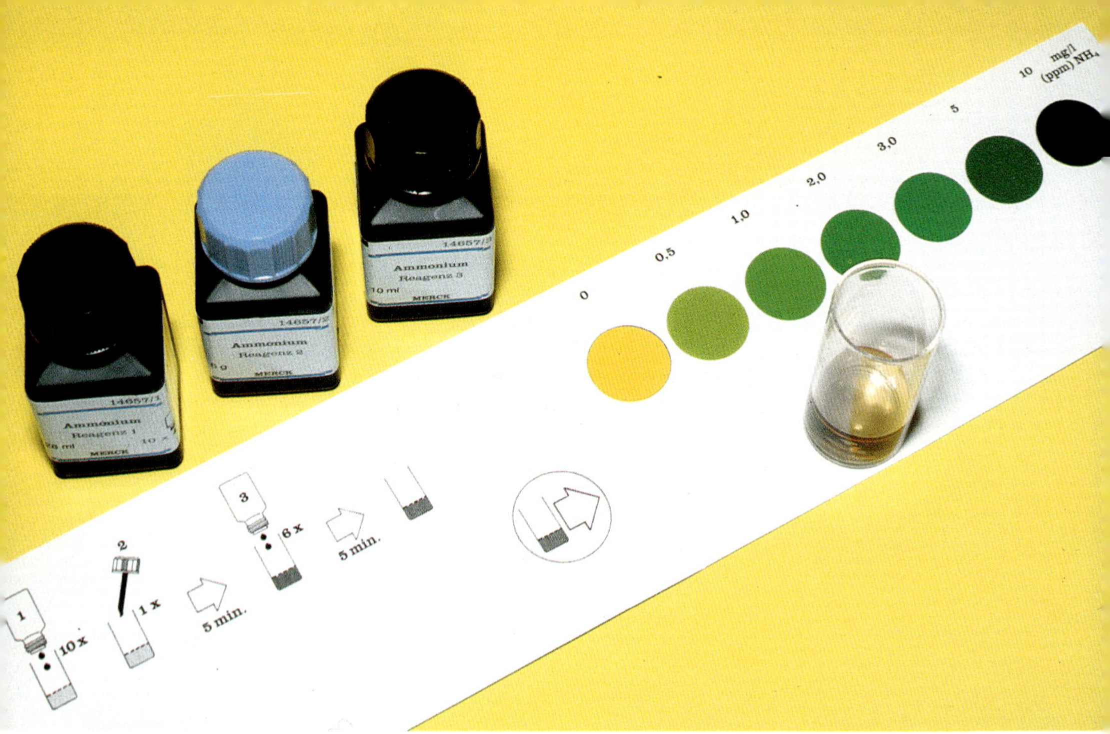
14657/1
Ammonium
Reagenz 1
MERCK
14657/2
Ammonium
Reagenz 2
MERCK
14657/3
Ammonium
Reagenz 3
10 ml
MERCK
0
0,5
1,0
2,0
3,0
5
10
1
10 x
2
1 x
5 min.
3
6 x
5 min.

Es wird stets der Gesamtgehalt NH_4^+ plus NH_3 angezeigt! Die jeweiligen Anteile können dann je nach pH-Wert mit Hilfe von Tabelle 7 berechnet werden.

Grenzwerte. Sauberes Wasser enthält weder Ammonium noch Ammoniak. Im normalen Aquarium sind bei mäßiger Fischbesetzung etwa 0,1 bis 0,5 ppm Ammonium nachweisbar. Das ist völlig ungefährlich. Zu einer gefährlichen Konzentration kann es bei Überfütterung kommen, und zwar besonders bei plötzlicher Überfütterung. Ebenso gefährdet sind neu eingerichtete Aquarien mit neuen Filtern, bei denen sich noch nicht die notwendigen Nitrifikations-Bakterien ansiedeln konnten, die die weitere Oxidation über Nitrit zu Nitrat vornehmen.

Gefährlich ist – wie bereits erwähnt – nicht das Ammonium NH_4^+, sondern das Ammoniak NH_3 (siehe Tabelle 7). Empfindliche Fischbrut, z. B. von Salmlern, *Aphyosemion* oder *Nothobranchius*, reagiert bereits bei 0,2 ppm NH_3; Lebendgebärende zeigen ab 0,5–0,6 ppm NH_3 verstärkte Atmung. Ab 1 ppm Ammoniak muß mit Verlusten gerechnet werden.

Als praktische Regel gilt: Meßwerte bis 2,5 ppm NH_4^+ sind bei pH-Werten bis 8,0 ungefährlich. Es liegen dann nach Tabelle 7 nur höchstens $2,5 \times 4\% = 0,1$ ppm NH_3 vor. – Gefährlich wird es aber, wenn bei 2,5 ppm NH_4^+ der pH-Wert auf 9,0 ansteigt, denn dann liegen $2,5 \times 25\% = 0,63$ ppm NH_3 vor!

Noch ein Hinweis: Wird ein Aquarium – z. B. mit einem Torffilter – im sauren pH-Bereich betrieben und sind gleichzeitig große Ammoniummengen vorhanden, so passiert erst mal nichts. Wenn aber z. B. durch einen Wasserwechsel der pH-Wert ansteigt, können plötzlich große Mengen an giftigem Ammoniak und damit Fischverluste auftreten. Die Fische sind dann nicht am Wasserwechsel gestorben oder am höheren pH-Wert, sondern eben an Ammoniakvergiftung! Deshalb: Vor dem Wasserwechsel NH_4^+ und pH-Wert kontrollieren!

Beeinflussung. Ein zu hoher Ammonium- bzw. Ammoniakgehalt wird am besten durch einen großzügigen Wasserwechsel herabgesetzt, wobei aber unter Umständen der pH-Wert beachtet werden muß (siehe vorherigen Absatz!).

Bei ständig erhöhter Konzentration ist das Aquarium überlastet. Dann muß der Fischbesatz reduziert oder/und ein größerer Filter installiert werden.

4. Nitrit NO_2^-

Bedeutung. Die bakterielle Oxidation des Ammoniums zum Nitrat erfolgt stets über

Bild 6 (links, oben). Dieser umweltfreundliche Aquamerck® Ammonium-Test Nr. 14657 kommt ohne die bisher üblichen giftigen Quecksilberverbindungen aus. Sein Meßbereich reicht von 0,5 bis 10 ppm NH_4; der Nachweis gelingt noch bei 0,2 ppm und darunter.

Bild 7 (links, unten). Sorgfältig wählt dieser Thai-Junge auf dem Markt in Bangkok seinen Kampffisch aus. Siamesische Kampffische (*Betta* spec.) werden in vielen Farben und Flossenformen gezüchtet. Alle gelten als pflegeleicht und stellen wasserchemisch keine hohen Ansprüche.

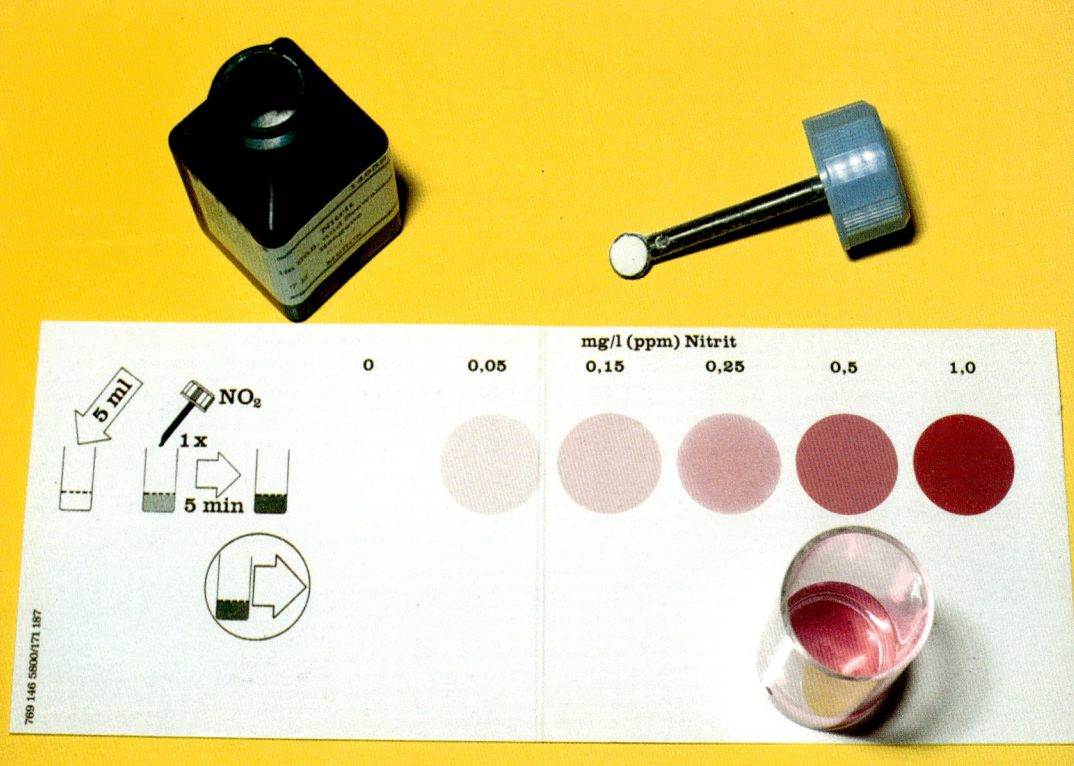

Bild 8. Mit dem Aquamerck® Nitrit-Test Nr. 14658 können bereits 0,05 ppm NO_2 gemessen werden. In eine 5 ml-Wasserprobe wird ein Meßlöffel voll Reagenzpulver gegeben. Das Piktogramm auf der Farbtafel links ist eine gute Gedächtnisstütze.

die Zwischenstufe Nitrit. Auf Seite 19 wurde der Vorgang bereits beschrieben. Im Aquarium sind Nitrit-Ionen nur dann in größerer Konzentration vorhanden, wenn eine Störung in der normalen Bakterientätigkeit vorliegt. Das kann z.B. bei einem brandneuen Filter bzw. Filtermaterial sein, auf dem sich noch keine leistungsfähige Bakterienflora angesiedelt hat. Neue Filter brauchen mitunter zwei oder gar drei Wochen, bis sie biologisch eingefahren sind

und die Nitritstufe beim Reinigungsprozeß zügig durchlaufen wird.

Messung. Der Aquamerck® Nitrit-Test Nr. 14658 kann im Süß- und Seewasser angewendet werden. Ähnlich wie bei den GH- und KH-Tests wird nur ein einziges Reagenz benötigt. Der Meßbereich umfaßt 0,05 bis 1,0 ppm NO_2^- (Bild 8).

Grenzwerte. Sauberes Wasser ist völlig nitritfrei. Werte über 0,2 ppm NO_2^- sind im Aquarium grundsätzlich zu beanstanden. Konzentrationen über 0,5 ppm sind sehr bedenklich und weisen auf erhebliche Störungen im Bakterienhaushalt bzw. Filter hin. Nitritgehalte von 2,0 ppm können zwar unter günstigen Umständen für einige wenige Tage von vielen Fischen ertragen werden, doch sind Verluste nicht ausgeschlossen.

Beeinflussung. Bei zu hohem Nitritgehalt sogleich gründlichen Wasserwechsel vornehmen. Steigt die Konzentration bald wieder an, so ist – bei eingefahrenem Filter – der Filter entschieden zu klein oder das Aquarium überbesetzt!

5. Nitrat NO_3^-

Bedeutung. Nitrat-Ionen bilden die Endstufe des bakteriellen Schadstoff-Abbaues.

Ihre Existenz zeigt an, daß das Wasser einer organischen Verunreinigung ausgesetzt war und anschließend ein biologischer Selbstreinigungsprozeß erfolgreich abgelaufen ist (siehe Seite 19). Das Nitrat stellt sozusagen eine Art relativ ungiftiger Müll-Deponie dar.

Der Nitratgehalt wächst in den meisten Aquarien langsam an, weil ja die Fische ständig gefüttert werden müssen und Schadstoffe produzieren, welche wiederum von den nützlichen Bakterien unter anderem zu Nitrat abgebaut werden. Nur selten herrscht ein so guter Pflanzenwuchs, daß aller anfallender Stickstoff als Nahrung aufgenommen wird und somit ein Anstieg des Nitrates unterbleibt.

Pflanzenfreunde sollten keine handelsüblichen Blumendünger benutzen; diese ent-

Bild 9. Merckoquant® Teststäbchen Nr. 10 020 erlauben in einfachster Weise Nitrat-Bestimmungen im Bereich von 10 bis 500 ppm NO_3. Hier wurden 250 ppm gemessen. Ein Wasserwechsel ist dringend fällig!

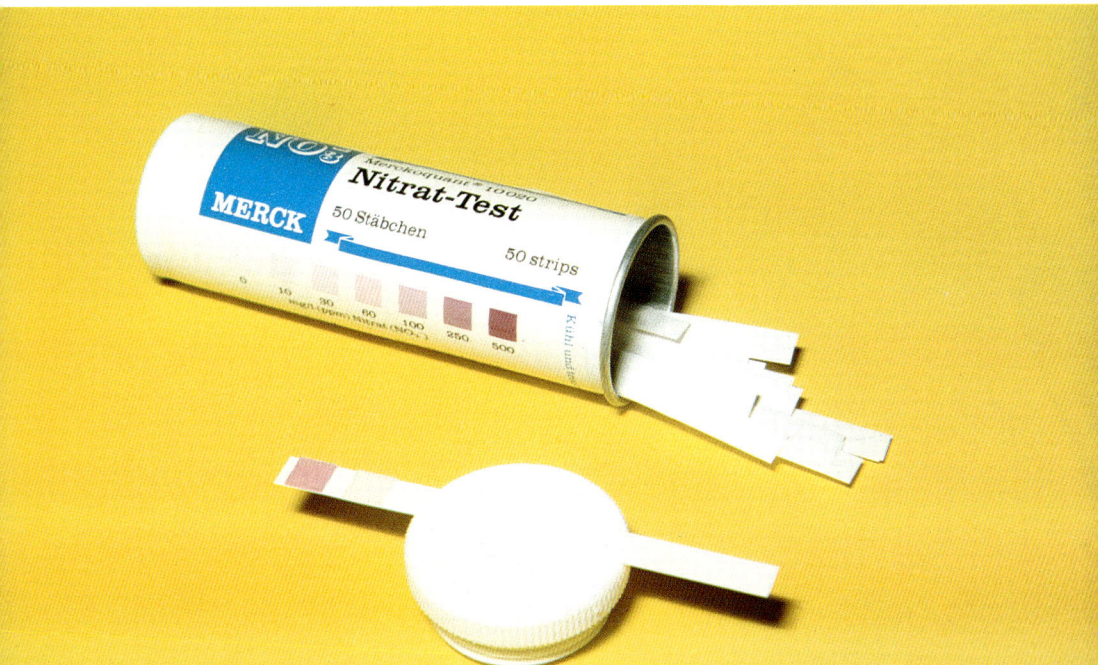

halten viel Nitrat, das in den Aquarien meist von selbst anfällt. Besser geeignet sind spezielle Aquarienpflanzen-Dünger, denen die ohnehin im Aquarium vorhandenen Stoffe, wie z. B. Nitrat und Phosphat, fehlen. – In tropischen Gewässern liegt der Nitratgehalt übrigens meist weit unterhalb der üblichen Nachweisgrenze (siehe Seite 56).

Messung. Der Nitratgehalt im Aquarium läßt sich am bequemsten mit Merckoquant® Teststäbchen Nr. 10020 bestimmen. Ein Stäbchen wird kurz in das Wasser eingetaucht und dann nach 2 min mit einer Farbskala verglichen. Der Meßbereich beträgt 10 bis 500 ppm Nitrat (Bild 9). Die Stäbchen haben außerdem noch eine weitere Reaktionszone für Nitrit. Färbt sich diese Warnzone violett, so sollte unbedingt eine genaue Nitritbestimmung durchgeführt werden. – Die Dose mit den Teststäbchen muß nach der Entnahme sofort wieder verschlossen werden und sollte im Kühlschrank aufbewahrt werden.

Erheblich genauere Messungen – jedoch nicht ganz so bequem – ermöglicht der Aquamerck® Nitrat-Test Nr. 14659. Der Testsatz besteht aus zwei Reagenzien. Die zugehörige Farbkarte erfaßt den Bereich von 20 bis 130 ppm Nitrat in fünf Stufen, wobei Zwischenwerte gut abgeschätzt werden können.

Grenzwerte. Im Aquarium sind Werte unter 20 ppm NO_3^- anzustreben. Das ist mitunter kaum zu verwirklichen, weil das Trinkwasser in der Bundesrepublik Deutschland bereits bis zu 50 ppm enthalten darf. Werte bis 80 ppm sind im Aquarium als erträglich anzusehen. Nitratgehalte von 150–200 ppm sollten im Interesse der Fische keinesfalls überschritten werden. Außerdem besteht bei hohem Nitratgehalt die Gefahr, daß bei einem plötzlichen Sauerstoffmangel das Nitrat teilweise in das sehr giftige Nitrit zurückverwandelt wird!

Beeinflussung. Ein guter Wasserpflanzenwuchs wirkt dem Nitratanstieg entgegen. Ein zu hoher Nitratgehalt kann durch Wasserwechsel wirksam gesenkt werden. Sogenannte »Nitratsiebe« auf der Basis von Ionenaustauschern sind durchweg abzulehnen. Sie entfernen zwar Nitrat-Ionen, geben dafür aber äquivalente Mengen an Chlorid-Ionen in das Aquarienwasser, d. h. das Verhältnis der Ionen untereinander im Wasser verschiebt sich biologisch ungünstig, und damit wird der Wasserwechsel letztlich doch fällig!

Im Jahre 1984 kamen Filtersysteme auf, die den Nitratgehalt auf dem Wege der »Denitrifikation« sogar bis auf Null senken können[1]. In diesen Filtern läuft infolge geringer Sauerstoffkonzentrationen ein Reduktionsprozeß ab, bei dem das Nitrat (NO_3^-) über Nitrit (NO_2^-) in gasförmigen Stickstoff umgewandelt wird, der das Aquarienwasser schnell und rückstandsfrei verläßt. Dieser Weg der Nitratsenkung ist äußerst elegant, steckt aber aquaristisch noch in den Anfängen.

6. Sauerstoff O_2

Bedeutung. Ohne Sauerstoff im Wasser ist kein Leben im Aquarium denkbar! Um gleich Irrtümern vorzubeugen: Der im Wassermolekül H_2O chemisch gebundene Sauerstoff kann selbstverständlich nicht

---

[1] z. B. NITREX-Filtermasse (Fa. Gunter Hofmann, Postfach 1270, 5063 Eulenthal).

24

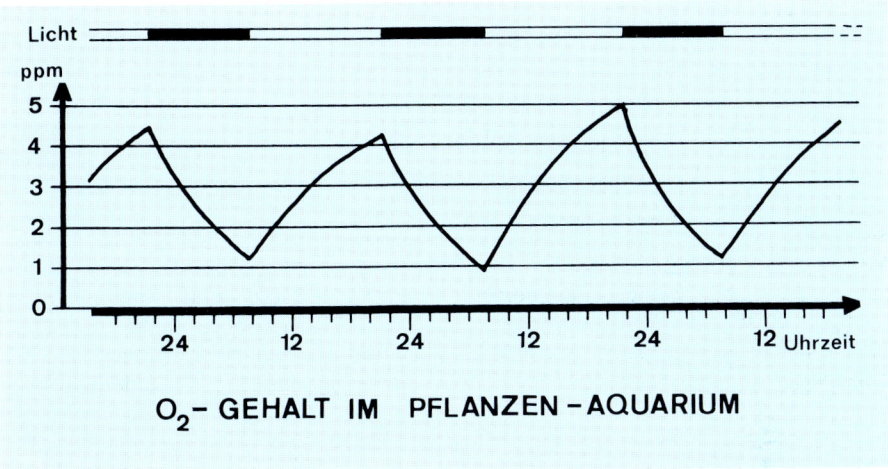

Bild 10. Der Sauerstoffgehalt im Aquarium schwankt im Tagesrhythmus in Abhängigkeit von der Beleuchtung.

von der Lebewelt verwertet werden, sondern hier geht es um den ins Wasser eindringenden gasförmigen Sauerstoff O_2, wie er auch in der Luft vorhanden ist.

Sauerstoff wird im Aquarium von Fischen, Pflanzen und Bakterien verbraucht. Bakterien brauchen ihn beim Abbau organischer »Abfall«-Stoffe (siehe Seite 19). Fische veratmen täglich – abhängig von Art, Wassertemperatur usw. – ungefähr 15 mg O_2 je 1 g Lebendgewicht. Auch Pflanzen veratmen innerhalb von 24 Stunden beachtliche Mengen an Sauerstoff; doch kann bei ihnen tagsüber unter Lichteinwirkung neben der Atmung auch gleichzeitig ein Assimilationsprozeß stattfinden, bei dem dann rund die fünffache Menge an Sauerstoff wieder produziert wird. Von diesem durch die Pflanzen gelieferten Sauerstoff-Überschuß können dann die übrigen

Aquarienbewohner existieren! Durch die Aktivität der Pflanzen kommt es zu rhythmischen Tagesschwankungen des Sauerstoffgehaltes im Wasser. Ein Beispiel zeigt Bild 10.

Fehlen Pflanzen im Aquarium, so muß der Sauerstoff auf andere Weise ins Wasser hineingebracht werden, z.B. durch Belüftung mit Luftpumpe und Sprudelstein. Bei intensiver Belüftung stellt sich bald ein Gasgleichgewicht zwischen dem Sauerstoffgehalt in der Luft und dem Wasser ein. Es liegt bei Raumtemperatur im Süßwasser ungefähr zwischen 8,0 und 8,5 ppm O_2. Sollte vorher im Wasser weniger oder auch mehr O_2 gewesen sein, wird der Gehalt durch die Belüftung stets auf diesen Gleichgewichtswert eingestellt. – Der Gleichgewichtswert, auch Sättigung genannt, schwankt mit dem Luftdruck und ist vor allem stark abhängig von Temperatur und Salzgehalt (Seewasser!), siehe Tabelle 8.

Tabelle 8. Sauerstoffsättigung in ppm je nach Temperatur und Salzgehalt (bei einem Luftdruck von 1013 hPa[1]).

°C	Süß- wasser	Seewasser-Dichte			
		1,018	1,022	1,026	1,030
5	12,4	11,5	11,1	10,6	10,2
10	10,9	10,2	9,8	9,4	9,1
15	9,8	9,1	8,8	8,5	8,2
20	8,8	8,2	8,0	7,7	7,4
25	8,1	7,5	7,2	7,0	6,7
30	7,5	6,8	6,6	6,3	6,1

[1] hPa = Hektopascal, hat das früher übliche Maß Millibar (mbar) abgelöst.
Umrechnung: 1 hPa = 1 mbar.

Der Begriff Sauerstoffsättigung ist etwas irreführend, denn er erweckt die Vorstellung, daß das Wasser nicht mehr als die in der Tabelle 8 erwähnten O_2-Mengen aufnehmen kann. Das ist aber nicht so! In einem dicht bepflanzten Aquarium kann bei längerer Sonneneinstrahlung – infolge intensiver Assimilation der Wasserpflanzen – der O_2-Gehalt wesentlich über die Sättigungswerte ansteigen. Diese Übersättigung geht natürlich bei intensiver Belüftung oder Umwälzung des Wassers bald wieder zurück auf die 100%-Werte der Tabelle 8.
In der Praxis aber ist in den meisten Aquarien keine O_2-Übersättigung vorhanden, sondern eher das Gegenteil, d. h. der O_2-Gehalt liegt meist unter den Werten der Tabelle 8. Man spricht dann von einem Sauerstoff-Defizit. Das Wort »Defizit« ist aber kein Anlaß zur Panik, denn es wurde

von Chemo-Physikern erfunden und nicht von Fisch-Biologen! In natürlichen Gewässern kann der Sauerstoffgehalt in weiten Grenzen schwanken, und die darin lebenden Bewohner sind daran seit Generationen gewöhnt! Fische z. B. gleichen geringe O_2-Gehalte im Wasser durch häufigere Atembewegungen aus; und es muß schon sehr deutlich an Sauerstoff mangeln, ehe sie zur Notatmung übergehen, d. h. an der Wasseroberfläche nach Luft schnappen (Bild 11).
Genau gesagt: Der Fisch interessiert sich überhaupt nicht für den Sättigungswert der Physiko-Chemiker! Er verlangt statt dessen den Sauerstoffgehalt bzw. Schwankungsbe-

Bild 11. Versuchsergebnisse an erwachsenen Wildfängen von *Pterophyllum scalare*: Geringe Sauerstoffgehalte im Wasser werden durch häufigere Atemzüge kompensiert; Notatmung, d. h. Luftschnappen, tritt erst bei erstaunlich niedrigem O_2-Gehalt ein.

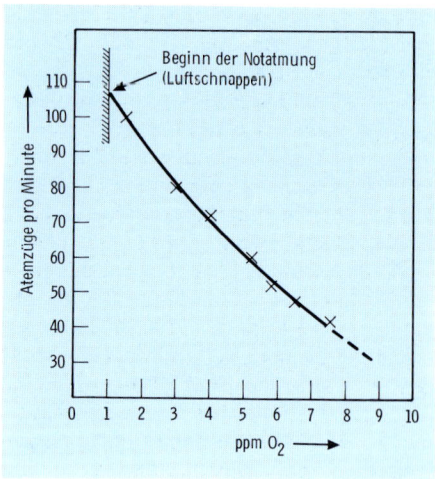

reich seines gewohnten Biotopes. Beispiel: Die Bachforelle ist in $5-10\,°C$ kühlem Wasser an mindestens 11 ppm O_2 gewöhnt; jedoch stirbt sie sehr schnell in einem Wasser von 25°C an Sauerstoffmangel, wenn dieses nur 8 ppm O_2 besitzt, d.h. mit Sauerstoff gesättigt ist! – Man muß also das ursprüngliche Biotop einigermaßen kennen und kann erst dann sagen, ob für den Fisch im Aquarium ein Sauerstoff-Defizit vorliegt oder nicht.

Viele Aquarianer meinen, daß das Aufsteigen von Sauerstoff-Bläschen aus den Blättern der Wasserpflanzen ein sicheres Zeichen für sauerstoffgesättigtes Wasser sei. Das aber stimmt nicht! – Für die Wasserpflanze ist allein das Verhältnis Gasdruck im Gefäßsystem und O_2-Gehalt im Wasser entscheidend; Gleichgewichtsgesetze zwischen Wasser und darüberliegender Luftschicht sind für sie belanglos! Perlende Sauerstoffbläschen kann man ohne weiteres auch bei Aquarienwasser mit z.B. nur 4 ppm O_2 beobachten. Sie sind lediglich ein Beweis für kräftig assimilierende, d.h. sauerstoffproduzierende Pflanzen. Über den O_2-Gehalt im Aquarium kann nur eine Messung Auskunft geben!

Messung. Der Sauerstoffgehalt läßt sich am einfachsten mit dem Aquamerck® Sauerstoff-Test Nr. 14 662 bestimmen. Er besteht aus drei Tropfreagenzien, die nacheinander der Wasserprobe zugesetzt werden. Nach Umfüllen in das Testgefäß wird die entstandene Färbung mit der beigefügten Farbkarte verglichen. Der Meßbereich umfaßt 0 bis 12 ppm O_2 in sechs Farbstufen; diese Genauigkeit reicht normalerweise für die aquaristische Praxis aus. Zu diesem Test ist noch die Sauerstoff-Reaktionsflasche Nr. 14 663 erforderlich, die jedoch nur einmal angeschafft werden muß.

Für Messungen mit feinerer Abstufung ist der Aquamerck® Sauerstoff-Test Nr. 11 107 zu empfehlen. Er ist mit einer graduierten Titrierpipette ausgestattet und erlaubt Messungen bis auf 0,1 ppm O_2 Genauigkeit (Bild 12).

Am elegantesten – aber auch am teuersten – ist die elektrische Messung des Sauerstoffgehaltes im Aquarium (Bild 13). Ein solches Gerät bedarf allerdings einer gewissen Pflege, denn gelegentlich muß die Anzeige kontrolliert und evtl. korrigiert werden. Außerdem müssen Elektrolytpaste und Membran der Eintauchelektrode nach ca. 6 Monaten Gebrauchszeit ausgewechselt werden. Wer aber viel messen muß oder sogar laufend registrieren will, kann auf ein elektrisches O_2-Meßgerät nicht verzichten.

Grenzwerte. Sauerstoffgehalte, die die Werte der Tabelle 8 wesentlich übersteigen, sind seltene Ausnahmen in der Natur. Dort wie auch im Aquarium können zwar Übersättigungen bei dichten Pflanzenbeständen und starker Beleuchtung auftreten. (Perlend aufsteigende Sauerstoffbläschen aus den Blättern sind kein Beweis für O_2-Sättigung!) Weil Übersättigungen aber als Ausnahme gelten müssen und die Wasserbewohner nicht daran gewöhnt sind, sollten auch im Aquarium die Werte der Tabelle 8 nicht überschritten werden. D.h. im Süßwasser sollten bei Raumtemperatur nicht mehr als etwa 8,5 ppm O_2 meßbar sein.

Die untere Grenze für den Sauerstoffgehalt schwankt je nach Fischart sehr stark. Sehr viele beliebte Zierfische kommen im Wasser mit erstaunlich geringem Sauerstoffgehalt aus, weil sie in ihren Heimatgewässern daran gewöhnt sind. So lebt z.B. der Neonsalmler putzmunter in Gewässern mit nur 1,5 ppm O_2! Nach Untersuchungen von

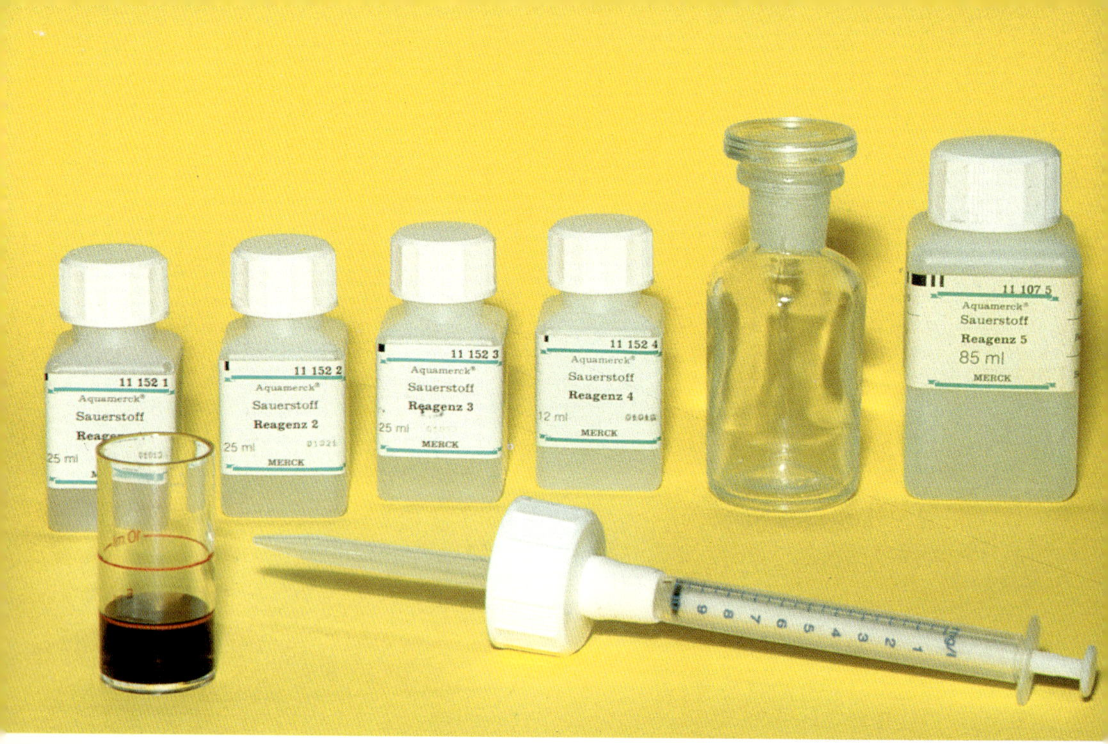
11 152 1
Aquamerck®
Sauerstoff
25 ml
11 152 2
Aquamerck®
Sauerstoff
Reagenz 2
25 ml
MERCK
11 152 3
Aquamerck®
Sauerstoff
Reagenz 3
25 ml
MERCK
11 152 4
Aquamerck®
Sauerstoff
Reagenz 4
12 ml
MERCK
11 107 5
Aquamerck®
Sauerstoff
Reagenz 5
85 ml
MERCK

WTW
PE/OXI
OxiCal®
07.3
mbar
% sat.
mg/l
ppm
AUS
OFF
OXI 91
Steilheit
slope

Bild 14 (oben). In einem gut bepflanzten Aquarium herrscht ein gesundes Wasserklima.

Bild 12 (links, oben). Mit dem Aquamerck® Sauerstoff-Test Nr. 11 107 kann der Sauerstoffgehalt im Wasser bis auf 0,1 ppm O_2 genau gemessen werden.

Bild 13 (links, unten). Bei häufigen Sauerstoffmessungen ist ein elektrisches O_2-Meßgerät zu empfehlen. Hier z.B. der OXI 91 der Firma WTW (Wissenschaftlich-Technische Werkstätten, D-8120 Weilheim). Von links nach rechts: Eichgefäß, Sauerstoffelektrode, Meßgerät.

GEISLER[1] im Amazonasgebiet an 13 Fisch-arten kamen fast alle Arten erst bei Sauer-stoffgehalten unter 1,0 ppm an die Ober-fläche zum Luftschnappen (z.B. Arten der Gattungen *Hyphessobrycon, Nannosto-mus, Hoplerythrinus, Characidium, Copel-la, Ctenobrycon* usw.).

Fische aus schnellen Fließgewässern aller-dings kamen schon früher zur Notatmung an die Oberfläche, wie z.B. *Leporinus fas-ciatus* bei 3,6 ppm O_2. Alle Tiere atmeten anschließend bei höherem O_2-Gehalt wie-der normal, keines erlitt einen Schaden!

[1] GEISLER, ROLF: Untersuchungen über den Sauerstoffgehalt, den biochemischen Sauer-stoffbedarf und den Sauerstoffverbrauch von Fischen in einem tropischen Schwarzwasser (Archiv für Hydrobiologie. **66**, Seite 307 ff. [1969]).

Das soll natürlich kein Freibrief für das Aquarium sein, sondern nur darauf hinweisen, daß der untere Grenzwert für den Sauerstoffgehalt je nach Fischart sehr verschieden ist. Im Aquarium sollten sicherheitshalber 4–5 ppm O_2 nicht unterschritten werden.

Beeinflussung. Sauerstoffgehalte über dem Sättigungswert werden durch Belüftung oder Wasserumwälzung recht schnell wieder auf den Sättigungswert reduziert.

Bei zu niedrigem Sauerstoffgehalt wäre eigentlich wiederum Belüftung das Mittel der Wahl. Dies muß jedoch recht vorsichtig geschehen, weil bei zu kräftiger Umwälzung auch gleichzeitig viel sauerstoffzehrender Mulm aufgewirbelt wird, der unter Umständen mehr Sauerstoff verbraucht als eingetragen wird!

In akuten Notfällen Wasserwechsel durchführen. Schlimmstenfalls kann man einmalig (!) auf 100 l Aquarienwasser 25 ml einer 3%igen Wasserstoffperoxidlösung zusetzen. Aber gut vermischen und keinesfalls höher dosieren! Überdosiertes Wasserstoffperoxid ist ein sehr starkes Gift (siehe auch Seite 54)!

Wenn der Sauerstoffgehalt ständig zu niedrig ist, liegen schwere Pflegefehler im Aquarium vor (z.B. Überbesetzung, starke Verschmutzung, schlechter Pflanzenwuchs usw.), die umgehend beseitigt werden müssen.

7. pH-Wert

Bedeutung. Der Begriff pH-Wert[1] kennzeichnet das Mengenverhältnis der Säuren

zu den Basen im Wasser. Ist das Verhältnis ausgewogen, so liegt der pH-Wert bei 7 in der neutralen Mitte der pH-Skala, die von pH 0 bis pH 14 reicht. Überwiegen die Säuren, so rutscht der pH-Wert abwärts

Bild 15. Der pH-Wert wird vom Säure-Basen-Verhältnis bestimmt.

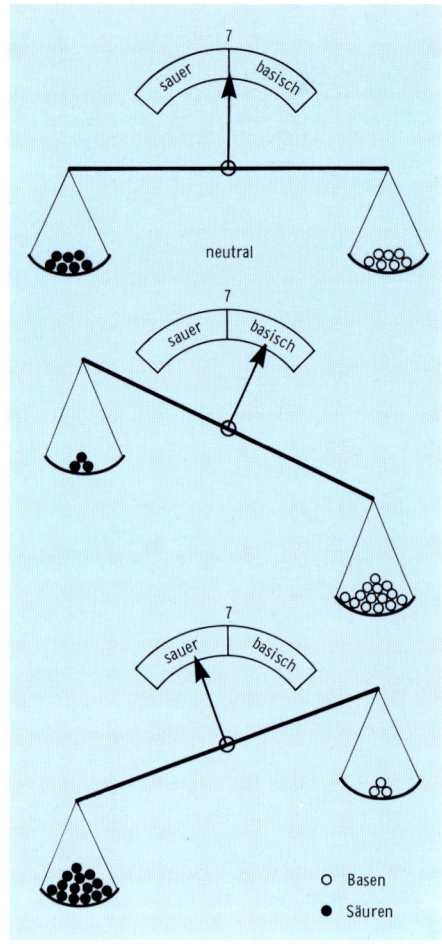

---

[1] pH = lat. **p**otentia **H**ydrogenii, negativer Logarithmus der Wasserstoffionenkonzentration in wäßrigen Lösungen.

30

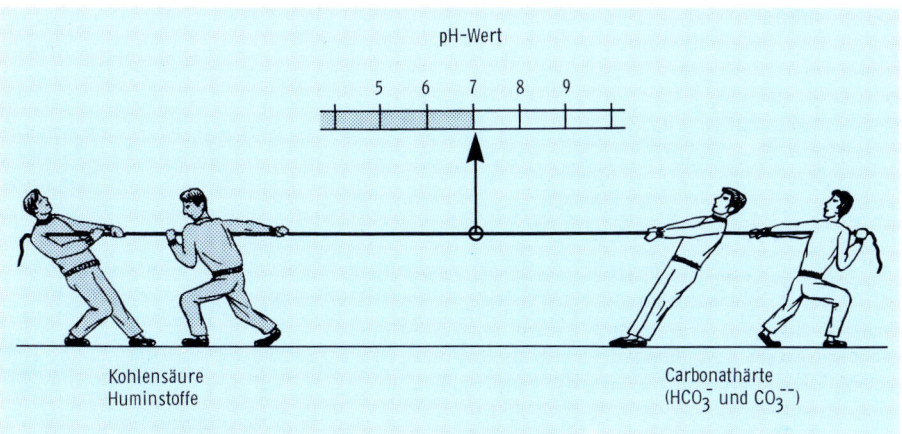

pH-Wert

Kohlensäure
Huminstoffe

Carbonathärte
(HCO_3^- und CO_3^{--})

Bild 16. In der Praxis wird in den meisten Fisch- und Pflanzengewässern der pH-Wert allein vom Verhältnis der Carbonathärtebildner zu der Kohlensäure (und evtl. Huminsäure) bestimmt.

unter 7; überwiegen die Basen, so steigt der pH-Wert über 7 (Bild 15).

Reines H_2O – also destilliertes oder entsalztes Wasser – hat einen pH-Wert von 7,0. Das gilt aber nur so lange, wie dieses Wasser vor Luftkontakt geschützt bleibt. Steht dieses Wasser längere Zeit offen herum, so dringt mit der Luft auch Kohlendioxid hinein, das dann durch Bildung von Kohlensäure den pH-Wert sinken läßt. Dauert dieser Vorgang genügend lange, d. h. bis zum Erreichen des auf Seite 8 erwähnten Gleichgewichtes von etwa 0,5 ppm CO_2 im Wasser, so ist im destillierten oder entsalzten Wasser ein pH-Wert von etwa 5,3 meßbar. – Um Irrtümern vorzubeugen, der Sauerstoff ist keine Säure und hat nicht die geringste Wirkung auf den pH-Wert, obwohl sein Name sehr verdächtig danach klingt.

Wichtig ist zu wissen, daß die pH-Skala logarithmisch verläuft, d. h. jede Stufe der pH-Skala bedeutet eine Verzehnfachung der Mengenverhältnisse von Säuren bzw. Basen. Beispiel: Ein Wasser mit pH 5 enthält zehnmal soviel Säure wie ein Wasser mit pH 6; und dieses wiederum enthält zehnmal soviel Säure wie ein Wasser mit pH 7 usw.! Das ist der Grund, weshalb die Änderung um nur eine einzige pH-Stufe derart enorme biologische Auswirkungen haben kann! Manche Lebewesen sind an sehr enge pH-Wert-Grenzen gebunden und tolerieren nur wenige Zehntel Schwankungsbreite, z. B. Meerestiere.

Grundsätzlich kann ein bestimmter pH-Wert durch alle möglichen Arten von Säuren und Basen zustande kommen. Die Messung des pH-Wertes gibt daher keinerlei Auskunft darüber, welche Art von Säuren und Basen tatsächlich dabei beteiligt sind. Auch nicht über die Stärke der gerade beteiligten Säure oder Base. So haben z. B. große Mengen einer schwachen Säure auf den pH-Wert genau denselben Einfluß wie wenige Tropfen einer starken Säure. Auch die absoluten Mengen der jeweiligen Reaktionspartner sind variabel; werden sie alle im gleichen Verhältnis vervielfacht, so bleibt der pH-Wert völlig gleich[1].

Merke: Der pH-Wert ist ein Summenmerkmal; er gibt über absolute Menge oder Art der pH-Reaktionspartner keine Auskunft!

Für die Aquarienpraxis bedeutet das: Der pH-Wert hat – für sich allein betrachtet – nicht die ihm allgemein zugedachte, überragende biologische Bedeutung! Den Fisch interessiert der pH-Wert an sich kaum, entscheidend ist, durch welche Stoffe im Wasser er zustande kommt!

In den Fisch- und Pflanzengewässern wird der pH-Wert so gut wie ausschließlich durch zwei Komponenten bestimmt. Dies sind einerseits die Bildner der Carbonathärte als basische Reaktionspartner und andererseits als saurer Gegenspieler die Kohlensäure. Es gilt: Wässer mit hoher Carbonathärte und wenig Kohlensäure haben einen höheren pH-Wert als weiche Wässer mit viel Kohlensäure (Bild 16). In Gewässern aus Torfgebieten und den sogenannten Schwarzwässern (siehe Seite 10) mit ihrem hohen Huminstoffgehalt kommen als wesentliche Säurepartner noch die Humin- und Fulvosäuren hinzu. Andere Stoffe mit nennenswertem Einfluß auf den pH-Wert sind in natürlichen Gewässern (See- und Süßwasser!) nicht vorhanden. Der Zusammenhang zwischen Carbonat-

härte, Kohlensäure und pH-Wert ist aquaristisch von so großer Bedeutung, daß in einem besonderen Kapitel auf S. 8 ausführlich darauf eingegangen wird.

Messung. Der pH-Wert läßt sich am einfachsten mit Farbindikatoren bestimmen. Eine 5 ml-Wasserprobe wird mit wenigen Tropfen Reagenzlösung versetzt und die entstandene Färbung mit der zugehörigen Farbtafel verglichen. Für Süßwasser eignet sich der Aquamerck® pH-Test Nr. 14 655; er hat einen Meßbereich von 5,0 bis 9,0 in Abstufungen von jeweils 0,5 Einheiten. Für Seewasser ist speziell der Aquamerck® pH-Test Nr. 14 656 vorgesehen; er mißt im Bereich von 7,1 bis 8,9 mit Abstufungen von jeweils 0,3 Einheiten (Bild 17).

Sehr genaue kolorimetrische Messungen erlaubt der Aquaquant® pH-Test Nr. 14 430. Er ist ähnlich wie der Eisentest auf Bild 24 mit einem Farbskalen-Schiebekomparator ausgerüstet und gestattet die pH-Bestimmung auch in leicht gefärbten Wässern. Die Farbskala ist im Bereich von 6,4 bis 8,6 pH in 0,2 pH-Stufen eingeteilt; deshalb sind Bestimmungen mit einer Genauigkeit von 0,1 pH leicht möglich. Solche genauen Messungen sind z. B. bei der Bestimmung des CO_2-Gehaltes im Wasser erforderlich (siehe Seite 37).

Wer viel messen muß oder gar laufend registrieren will, wird vorteilhaft ein elektrisches pH-Meter benutzen. Seine Glaselektrode wird einfach in das Wasser getaucht, und nach kurzer Einstellzeit zeigt das Meßgerät den pH-Wert auf 0,1 pH genau an (bei Digital-Geräten sogar auf 0,01 pH genau). Elektrische pH-Meter müssen regelmäßig mit Hilfe von pH-Pufferlösungen kontrolliert und justiert werden. Nach einigen Jahren ist ein Neukauf der Glaselektrode fällig (Bild 18, rechts).

---

[1] Sofern keine Ausfällungen auftreten oder nicht durch hohe Konzentration die Ionenbeweglichkeit eingeschränkt wird.

Bild 17. Die Aquamerck® pH-Tests Nr. 14655 für Messungen im Süßwasser (vorn) bzw. Nr. 14656 im Seewasser (hinten).

Grenzwerte. In Seewasser-Aquarien muß der pH-Wert zwischen 8,1 und 8,4 liegen. Im Süßwasser ist normalerweise der pH-Bereich von 6,8 bis 7,2 zu empfehlen. Unterschreitungen bis pH 6,2 sind nur zulässig bei Wässern mit einer Carbonathärte unter 4°d oder falls das Wasser mit Torf angesäuert worden ist. Dagegen zeigen pH-Werte über 7,5 an, daß die Wasserpflanzen wahrscheinlich unter CO_2-Mangel leiden (siehe Kapitel 8 und 12). Ausnahmen bilden die sehr carbonatharten Wässer aus dem Tanganjika- und Malawisee.

Beeinflussung. Grundsätzlich darf der pH-Wert nur durch Zusatz solcher Stoffe verändert werden, die auch in sauberen natürlichen Wässern vorkommen. Das Ansäuern z.B. mit verdünnter Phosphorsäure ist biologisch ganz grober Unfug! Ebenso muß die Zugabe sogenannter »Plus-pH«- oder »Minus-pH«-Präparate als aquaristischer Kunstfehler abgelehnt werden, weil es sich meist um chemische Substanzen handelt, die in normalen Fisch- und Pflanzengewässern nicht vorkommen. Aus dem gleichen Grund ist auch das Ansäuern mit

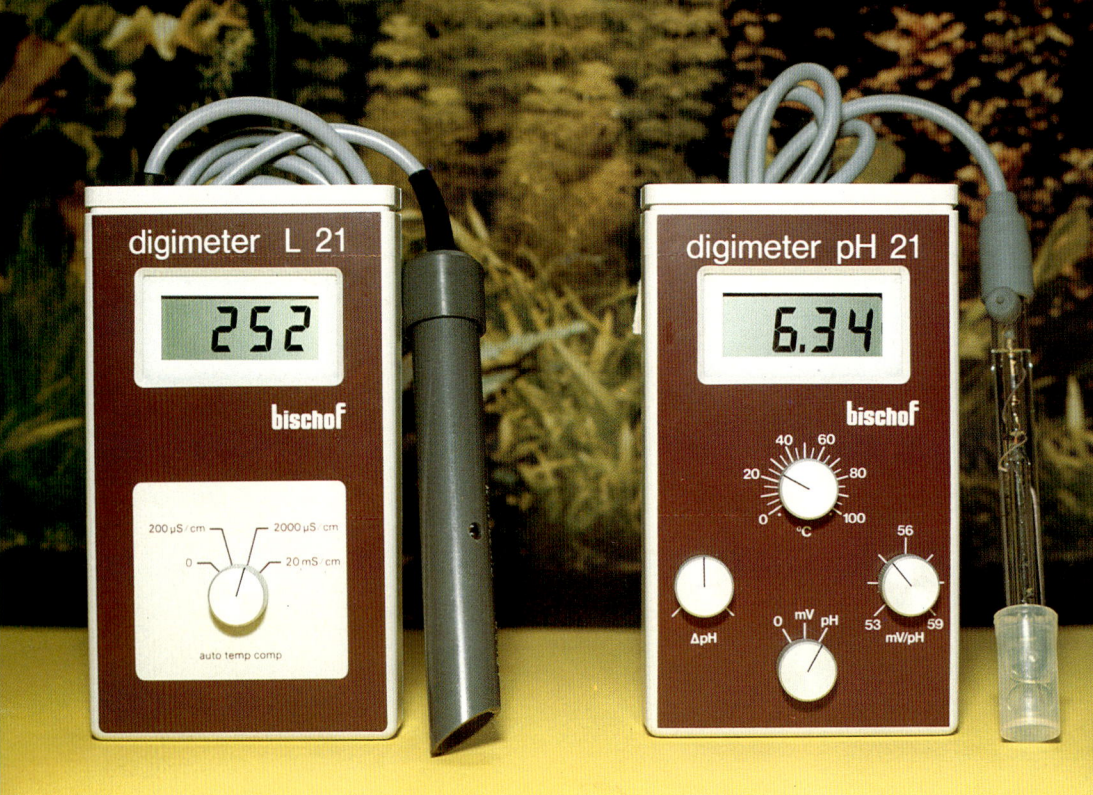

Bild 18. Mit elektrischen pH-Metern (rechts im Bild) kann der pH-Wert am genauesten bestimmt werden. – Links im Bild ein temperaturkompensiertes Leitfähigkeits-Meßgerät mit hoher Meßgenauigkeit (Fa. Bischof Meßtechnik, Markusstr. 102, D-5000 Köln 51).

Gerbstoffen (Eichenextrakte usw.) in der Regel biologisch nicht vertretbar. Zur Erinnerung: Fisch und Pflanzen interessieren sich für den pH-Wert an sich recht wenig, entscheidend ist, durch welche Stoffe der pH-Wert zustandekommt!

In biologisch richtig gepflegten Aquarien darf also der pH-Wert nur verschoben werden durch eine geänderte Kräfteverteilung der pH-Reaktionspartner von Bild 16! Daraus folgt: Zur Senkung des pH-Wertes

besteht der biologisch einzig richtige Weg in Senkung der Carbonathärte (möglichst jedoch nicht unter 3°d, siehe Seite 17) und/oder Zugabe von Kohlensäure (nicht über 60 ppm, siehe Seite 39). Die Zusammenhänge sind auf S. 48 genau erläutert. – Falls sogenanntes Schwarzwasser gewünscht wird, kann der pH-Wert auch durch Torffilterung gesenkt werden. Die Wirkung des Torfs beruht z. T. auf einer geringen Härtesenkung, vor allem aber auf der Abgabe von Humin- und Fulvosäuren, wie sie auch im natürlichen Schwarzwasser reichlich vorhanden sind.

Zu niedrige pH-Werte kommen in der Aquaristik kaum vor und beruhen dann in der Regel auf krassen Pflegefehlern; häufigste Ursachen sind zu geringe Carbonathärte und/oder zuviel Kohlensäure. Zur Abhilfe siehe Kapitel 2 bzw. 8.

8. Kohlendioxid CO$_2$

Bedeutung. Kohlendioxid ist ein farb- und geruchloses Gas, das ständig bei der Atmung von Tier und Pflanze freigesetzt wird. Ja, auch Pflanzen atmen! Allerdings wird die Atmung der Pflanzen tagsüber durch den mehrfach intensiveren Assimilationsprozeß überdeckt, bei dem große Mengen an Kohlendioxid aufgenommen werden und entsprechend viel Sauerstoff freigesetzt wird zum Wohle der übrigen Aquarienbewohner.

Ohne Kohlendioxid können die meisten Pflanzen keinen Sauerstoff produzieren. Manche von ihnen sind zwar in der Lage, bei CO$_2$-Mangel Hydrogencarbonate zu assimilieren, doch ist das ein sehr kräftezehrender Prozeß, bei dem die Blätter mit Kalkablagerungen überzogen werden und außerdem durch Bildung von Calciumhydroxid (Ca[OH]$_2$) der pH-Wert des Wassers weit über 8,3 in gefährliche Höhen steigen kann. Weil rund 47 % der pflanzlichen Trockensubstanz aus Kohlenstoff (C) bestehen, muß Kohlendioxid (CO$_2$) als der wichtigste Pflanzennährstoff überhaupt bezeichnet werden (Bild 19).

Als Kohlendioxidquelle kommen neben der Atmungstätigkeit der Aquarienbewohner auch Zersetzungsvorgänge von Futterresten und Fischkot in Betracht.

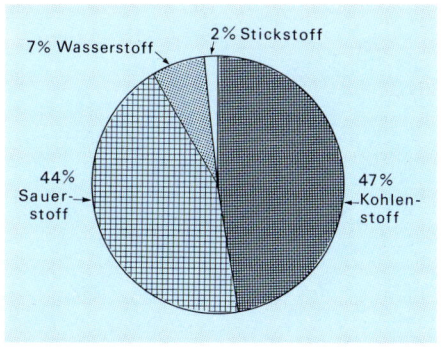

Bild 19. Kohlendioxid CO$_2$ ist der weitaus wichtigste Pflanzennährstoff. Rund 47 % der Trockenmasse einer Pflanze bestehen aus Kohlenstoff C!

Auch der normale biologische Selbstreinigungsprozeß, wie er z. B. in einem gut eingefahrenen Aquarienfilter abläuft, liefert bei der Zerlegung organischer Abfallstoffe beachtliche Mengen an Kohlendioxid. Trotzdem herrscht in den meisten Aquarien ein wesentlicher Mangel an Kohlendioxid und damit ein Hungerzustand der Pflanzen, der nur durch ständige künstliche CO$_2$-Zufuhr behoben werden kann! Das gasförmige Kohlendioxid kann sich bei künstlicher Zufuhr im Wasser reichlich lösen, wie z. B. käufliches Mineralwasser beweist. Bei intensiver Belüftung oder längerem Stehen verliert das Wasser allerdings das zugeführte CO$_2$ wieder bis auf einen winzigen Rest, dessen Höhe sich aus dem Gleichgewicht zwischen der kohlendioxidhaltigen Luft und dem Wasser ergibt. Bei 20 °C ist dieses Gleichgewicht mit der Luft bei 0,51 ppm CO$_2$ im Wasser erreicht (siehe auch S. 8).

35

Im Wasser reagiert ein sehr kleiner Teil (ca. 0,1%) des gasförmigen Kohlendioxids mit dem Wasser nach der Gleichung

$$CO_2 + H_2O \rightarrow H_2CO_3$$

und bildet damit Kohlensäure. Es ist eine richtige Säure im chemischen Sinne; sie senkt den pH-Wert und schmeckt säuerlich (z.B. im Mineralwasser!). – Im allgemeinen Sprachgebrauch wird oftmals auch das gasförmige Kohlendioxid (CO_2) als Kohlensäure bezeichnet. Das ist zwar nicht korrekt, doch sind Mißverständnisse praktisch ausgeschlossen.

Das Kohlendioxid hat im Wasser neben der Kohlenstoff-Versorgung der Pflanzen noch eine weitere wichtige Funktion. Es bildet zusammen mit den Carbonathärtebildnern einen Gleichgewichtspartner und verhindert ein Ausfallen der Carbonate als Kalk. Je höher die Carbonathärte, desto mehr CO_2 ist erforderlich, um Ausfällungen zu vermeiden. Die jeweils notwendige Mindestmenge an CO_2 nennt der Chemiker »Gleichgewichtskohlensäure«; die darüber hinausgehende CO_2-Menge wird »überschüssige« oder »aggressive« Kohlensäure genannt, wobei der Begriff »aggressiv« technisch gemeint ist und sich auf das Wasserrohrnetz bezieht und nicht etwa auf den Fisch! – Für die sogenannte Gleichgewichtskohlensäure existieren zahllose Tabellenwerke, in denen die zur jeweiligen Carbonathärte bei verschiedenen Temperaturen zugehörigen Kohlensäuremengen genauestens angegeben sind. Sie gelten jedoch samt und sonders ausschließlich nur im Trinkwasserlabor! Für Aquarienwässer treffen sie, besonders wegen ihrer organischen Belastung, nicht zu! Die Praxis zeigt immer wieder, daß die Tabellenwerte für CO_2 erheblich unterschritten werden können, ehe Kalkausfällungen auftreten.

Den Wasserpflanzen sind übrigens die von den Chemikern erfundenen verschiedenen Namen für das Kohlendioxid, wie »aggressiv«, »kalklösend«, »zugehörig« usw., völlig gleich; Wasserpflanzen assimilieren alles, was nach CO_2 aussieht! Es kann durchaus vorkommen, daß sie bei intensiver Assimilation so viel CO_2 aufnehmen, daß schließlich zu wenig davon übrigbleibt, um die Carbonate am Ausfallen zu hindern. Der genaue Grenzwert läßt sich wasserchemisch im Aquarium aus bereits erwähnten Gründen nicht angeben. In jedem Fall aber ist zu wenig Kohlendioxid vorhanden, wenn die Oberfläche der Blätter sich wegen Kalkablagerungen anfühlt wie Sandpapier und aussieht wie auf Bild 20. Dieser Zustand im Aquarium muß durch Bereitstellung genügender CO_2-Mengen und/oder Senkung der Carbonathärte verhindert werden.

Messung. Die Messung des CO_2-Gehaltes ist im Grunde genommen sehr einfach, und doch stellt sie ein großes Problem dar! Der Wasserchemiker titriert einfach die Kohlensäure mit einer frisch angesetzten(!), stark verdünnten Natronlauge unter Zuhilfenahme eines Farbindikators aus. Das Problem jedoch liegt in der Haltbarkeit der stark verdünnten Natronlauge: Sie nimmt begierig das CO_2 aus der Luft auf und verliert dadurch recht schnell an Wirksamkeit. In den üblichen Tropfflaschen kann deshalb das Tropfreagenz unter Umständen bald verderben, und die CO_2-Messung wird unzuverlässig!

Aquaristisch gut geeignet ist – neben dem auf Seite 48 geschilderten Verfahren – die CO_2-Bestimmung durch pH-Wertvergleich mit einem CO_2-Standard (nach KRAUSE). Hierzu ist eine genaue pH-Bestimmung auf mindestens 0,2 pH erforder-

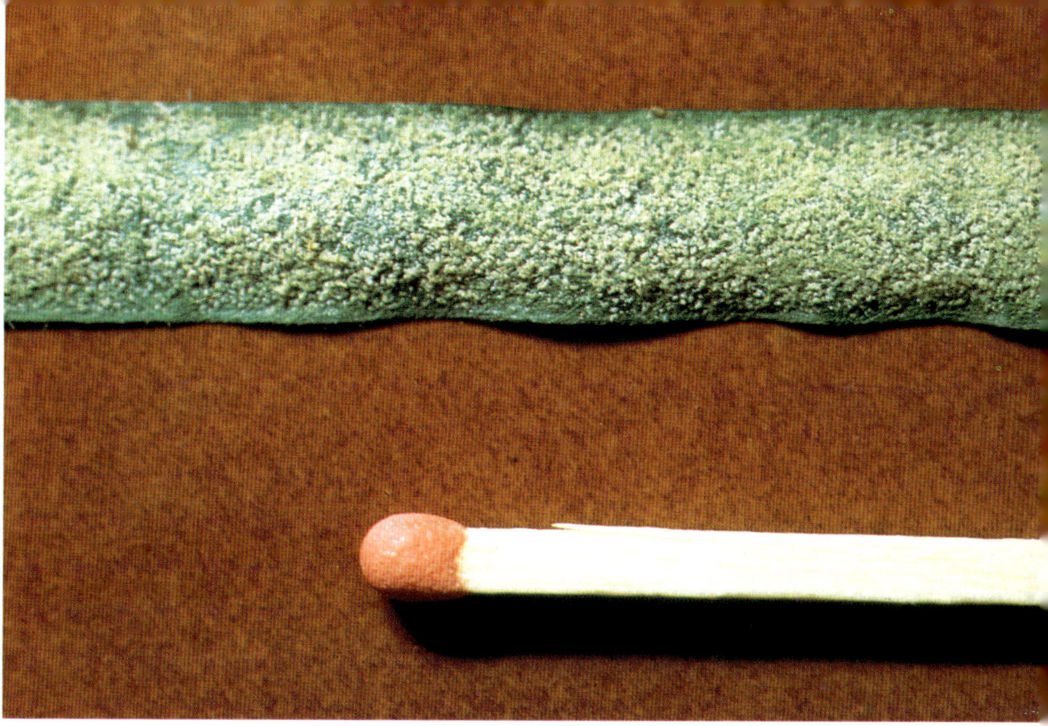

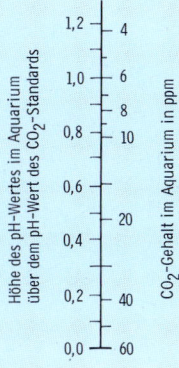

Bild 20. Kalkablagerungen auf dem Blatt einer Vallisnerie, verursacht durch CO_2-Mangel.

lich, also z. B. durch elektrische Messung oder mit dem Aquaquant® pH-Test Nr. 14430 bzw. Nr. 14436 (Seite 65). Die Bestimmung geschieht in zwei Schritten:

1. CO_2-Standard. Eine Probe des Aquarienwassers wird mit pH-Indikator versetzt und so lange nach Bild 29 (rechts) mit Atemluft behandelt, bis der pH-Wert sich nicht mehr ändert. Dieser CO_2-Standard enthält jetzt 60 ppm CO_2. Sein pH-Wert bildet die Basis von Tabelle 9. (Dieser Schritt braucht für jedes Aquarienwasser nur einmalig durchgeführt zu werden!)

2. pH-Wert im Aquarium. Der pH-Wert des unbehandelten Aquarienwassers wird gemessen. Je nach Kohlensäuregehalt liegt er meist deutlich höher als im CO_2-Standard. Aus der pH-Wert-Differenz kann nach Tabelle 9 der aktuelle CO_2-Gehalt abgelesen werden.

Tabelle 9. CO_2-Bestimmung durch pH-Wert-Vergleich mit einem CO_2-Standard. Erläuterung im Text.

Höhe des pH-Wertes im Aquarium über dem pH-Wert des CO_2-Standards	CO_2-Gehalt im Aquarium in ppm
1,2	4
1,0	6
	8
0,8	10
0,6	
	20
0,4	
0,2	40
0,0	60

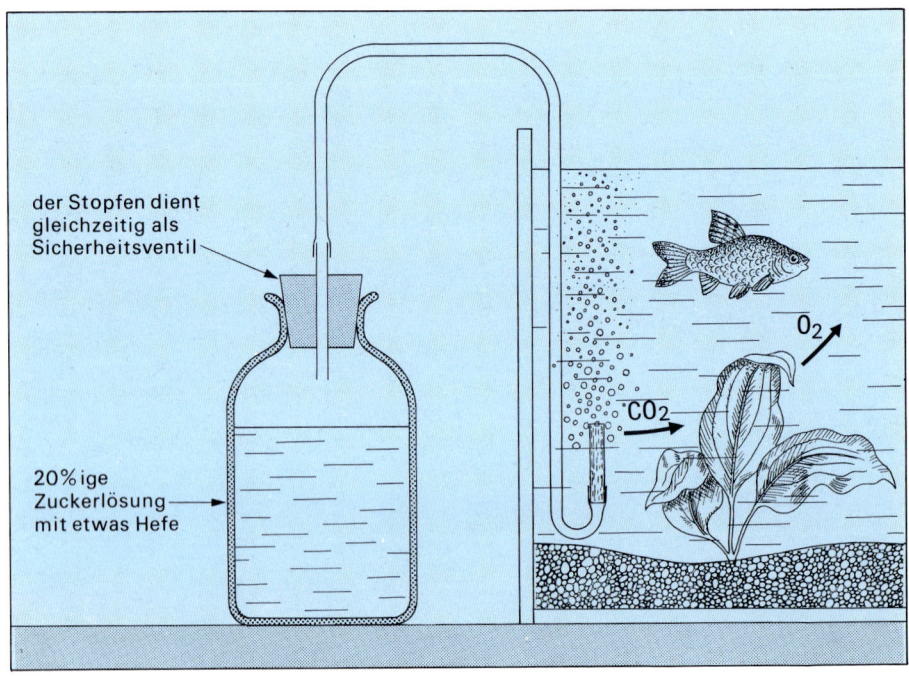

Bild 21. Mit Gärungskohlensäure können kleinere Aquarien ca. 3 Wochen lang mit CO_2 versorgt werden. Es entsteht genügend Druck, um einen Ausströmer damit zu betreiben. Verschlußstopfen nicht zu fest aufsetzen, er dient als Sicherheitsventil!

Beispiel: In der beatmeten Wasserprobe (CO_2-Standard) wird ein pH-Wert von 6,6 gemessen. Im Aquarium liegt der pH-Wert bei 7,1 und damit um 0,5 Einheiten höher. Nach Tabelle 9 entspricht der Differenz von 0,5 pH-Einheiten ein CO_2-Gehalt von etwa 20 ppm.

Hinweis: Für die laufende CO_2-Kontrolle bedarf es bei demselben (!) Aquarienwasser nur noch des zweiten Schrittes, also der pH-Messung im Aquarium und Auswertung nach Tabelle 9. – Für zusätzlich ange-

säuerte Wässer (Torffilterung!) ist das Verfahren ungeeignet.

Grenzwerte. Etwa 5 ppm CO_2 sollten keinesfalls unterschritten werden, weil sonst die CO_2-Versorgung der Pflanzen nicht mehr sicher gewährleistet ist. Wässer mit Carbonathärte über 8°d verlangen mehr CO_2, um mit Sicherheit Kalkausfällungen zu vermeiden.

Die obere Grenze ist durch die Fischverträglichkeit gegeben. Sie liegt überraschend hoch. Wiederholte Versuche an

Bild 22. Moderne CO_2-Geräte arbeiten praktisch jahrelang völlig wartungsfrei. Hier z.B. links im Bild der »Cyclo 2000«. Durch die Wirbelkammer und die CO_2-Spirale erreicht sein Wirkungsgrad 100%! – Rechts ein »CO_2-Langzeit-Test« zur laufenden Überwachung. (Beide Geräte: Wasserpflanzengärtnerei Dennerle, D-6781 Vinningen.)

gängigen Aquarienfischen bewiesen, daß CO_2-Gehalte weit über 100 ppm anstandslos vertragen werden, sofern zugleich genügend Sauerstoff im Wasser vorhanden ist. So zeigten z.B. Guppys keinerlei Anzeichen von Unwohlsein bei versuchsweiser Erhöhung auf 800 (!) ppm CO_2!

Um aber in vernünftigen Grenzen zu bleiben, sollten 60 ppm nicht überschritten werden. Insbesondere, weil in der Praxis oft hohe CO_2-Gehalte mit niedrigen Sauerstoffgehalten einhergehen, die für den

Fisch dann eine zusätzliche Belastung ergeben.

Beeinflussung. Zu hohe CO_2-Gehalte lassen sich sehr leicht durch Belüftung oder Umwälzung des Aquarienwassers mit einer kräftigen Kreiselpumpe reduzieren, weil durch den intensiven Luftkontakt der bewegten Wasseroberfläche das CO_2 wieder ausgetrieben wird. Erfahrungsgemäß ist aber nur selten zu viel CO_2 im Aquarium, es sei denn, das CO_2-Gerät ist defekt oder ungeeignet, oder es wurde beim Wasserwechsel Quell- oder Brunnenwasser mit extrem hohem CO_2-Gehalt verwendet. Zu niedrige CO_2-Gehalte können mit speziellen CO_2-Geräten angehoben werden. Auf dem aquaristischen Markt werden zahlreiche Geräte angeboten, die gasförmiges Kohlendioxid intensiv mit dem Aquarienwasser vermischen und darin lösen. Als Kohlendioxidquelle kann bei kleineren Anlagen ein Gefäß mit gärender Zuckerlösung dienen (Bild 21); bei größeren Aquarien sind Hochdruck-CO_2-Flaschen in Verbindung mit wartungsfreien (!) CO_2-Geräten unbedingt vorzuziehen (Bild 22).

Ausführliche Angaben zur CO_2-Versorgung von Aquarien, wie z.B. Verfahren, Geräte, Wartungshinweise usw., finden sich in einschlägiger Literatur über Aquarientechnik[1].

9. Eisen Fe^{++}/Fe^{+++}

Bedeutung. Das Eisen zählt zu den Spurenelementen, d.h. es kommt üblicherweise nur in sehr geringen Konzentrationen unter 1 ppm vor. Von den meisten Tieren und Pflanzen wird es unbedingt zum Leben benötigt. Fische brauchen Eisen ebenso wie der Mensch, um den roten Blutfarbstoff (Hämoglobin) zu bilden. Das Hämoglobin im Blut nimmt den eingeatmeten Sauerstoff auf und transportiert ihn in alle Teile des Körpers, und auf dem Rückweg wird es mit Kohlendioxid beladen für die Ausatmung. – Pflanzen sind ohne Eisen außerstande, das lebenswichtige Blattgrün (Chlorophyll) zu bilden; ohne Chlorophyll kümmern die Pflanzen kleinwüchsig mit weiß-farblosen Blättern dahin und gehen schließlich ein.

In Quellgebieten ist das Wasser meist ausreichend mit Eisen versehen. Im Aquarium jedoch fehlt es sehr häufig. Woran liegt das?

Das Eisen-Ion kann in zwei elektrischen Ladungsformen auftreten, wobei es sich von der einen Form in die andere beliebig umwandeln kann je nach Sauerstoffgehalt (genauer: Redoxpotential) des Wassers. In sauerstoffarmen Quellen tritt das Eisen als Fe^{++}-Ion auf und kann in größeren Mengen bis zu einigen ppm vorhanden sein. Wenn das Wasser einige Zeit mit der Luft in Berührung war, ist der Sauerstoffgehalt darin so hoch angestiegen, daß das Fe^{++}-Ion in das Fe^{+++}-Ion übergeht. Dieses sogenannte dreiwertige Eisen-Ion ist aber in der Regel nicht mehr wasserlöslich, sondern bildet z.B. mit Phosphaten oder Oxidhydraten unlösliche Verbindungen, die sich als »Eisenocker« in Quellennähe absetzen (Bild 23). Auf diese Weise verarmt das Wasser an Eisen und wird schließlich völlig eisenfrei.

Im Aquarium wäre es um die Nährstoffversorgung der Wasserpflanzen schlecht bestellt, gäbe es von der Regel, daß das Eisen unter Sauerstoffeinfluß wasserunlöslich wird, nicht auch Ausnahmen! So gibt es eine Gruppe von wasserlöslichen chemischen Verbindungen, die das Fe^{+++}-Ion gewissermaßen unter ihre Fittiche nehmen und vor dem Ausfallen schützen können. Der Chemiker spricht von Chelatoren, die mit dem Eisen oder anderen Schwermetallen eine Komplexbindung eingehen, oder, wie man auch sagt, das Eisen »maskieren«.

---

[1] z. B. Kosmos-Handbuch Aquarienkunde (Kosmos-Verlag 1983), Einführung in die Aquarientechnik (Kosmos-Verlag 1985)

Bild 23. Sauerstoffarmes Quellwasser kann viele Fe^{++}-Ionen enthalten. Bei Luftkontakt wird das Eisen-Ion oxidiert und fällt bald als brauner Eisenocker aus (Pfeil). Wegen der ständigen Nachlieferung von Nährstoffen sind Quellgebiete oft Pflanzenparadiese.

Diese Maskierung ist im Sinne von Verstecken gemeint und geht sogar so weit, daß das Fe^{+++}-Ion wie in einem Tresor aufgehoben wird und für die normalen wasserchemischen Reaktionen überhaupt nicht existent erscheint und sich auch nicht mit einfachen Wassertests nachweisen läßt.

Weil diese Komplexverbindungen oder Chelate auch bei hohem Sauerstoffgehalt vollkommen wasserlöslich sind, können sie von den Wasserpflanzen leicht als Nähr-

stoff aufgenommen werden. Nach dem Aufbrechen der Komplexbindung im geschützten Inneren der Pflanze wird das Eisen praktisch »aus dem Tresor entnommen« und dem Stoffwechsel zugeführt.

Als Chelatoren, wegen ihrer Funktion auch oftmals Nährstoffträger genannt, können im Aquarium neben synthetischen Produkten (EDTA, NTA usw.) viele organische Stoffwechselprodukte und deren Zwischenstufen dienen. Das ist einer der

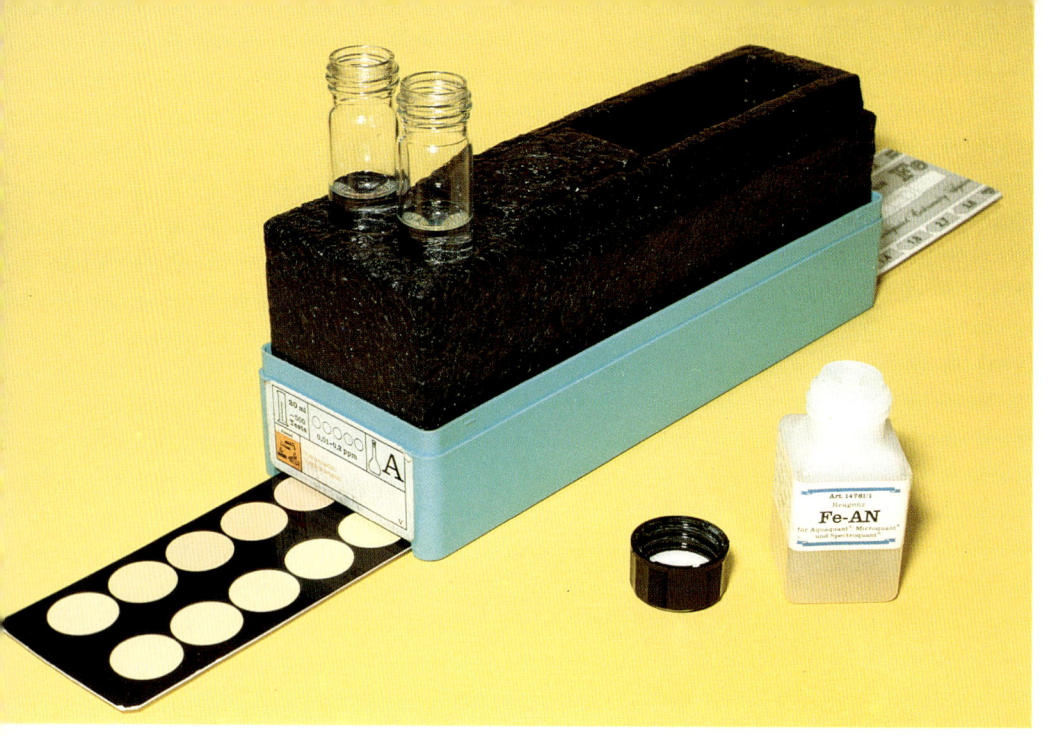

Bild 24. Der Aquaquant®-Eisentest Nr. 14 403 ist mit einem Farbskalen-Schiebekomparator und mit hohen Prüfgläsern ausgestattet. Dadurch können auch in leicht getrübten Wässern sehr geringe Eisenmengen bestimmt werden. Meßbereich: 0,01 bis 0,2 ppm Fe.

Gründe, weshalb in peinlichst sauber gefilterten Aquarien, denen diese Stoffe fehlen, oftmals Wuchsprobleme auftreten.

Messung. Zur Eisenbestimmung in biologischen Wässern sind nur Verfahren geeignet, die auch die Komplexbindungen aufbrechen und somit die chelatisierten Fe^{+++}-Ionen miterfassen. Denn diese sind hauptsächlich am Gesamt-Eisengehalt beteiligt, während Fe^{++}-Ionen in Aquarienwässern fast nie vorhanden sind.

Geeignet ist der Aquamerck® Eisen-Test Nr. 14 660. Der Testsatz erlaubt nach Zugabe von zwei Reagenzien Messungen im Bereich von 0,05 bis 1,0 ppm Gesamteisen in acht Abstufungen. Das reicht für die normale Aquarienpraxis aus.

Empfindlicher (aber auch teurer) ist der Aquaquant® Eisentest Nr. 14 403. Er kommt mit einem einzigen Reagenz aus. Auf Grund der größeren Probenmenge und des zum Lieferumfang gehörenden Farbskalen-Schiebekomparators sind Messungen im Bereich von 0,01 bis 0,20 ppm Gesamteisen möglich. Durch das Komparator-Prinzip gelingen auch Messungen in Wässern mit etwas Trübung oder Eigenfärbung (Bild 24).

Grenzwerte. In bepflanzten Aquarien sind Werte von 0,03 bis 0,10 ppm Gesamt-Fe optimal. Sinkt der Eisengehalt unter 0,01 ppm, so muß mit Pflanzenschäden durch mangelnde Chlorophyllproduktion gerechnet werden. – Eisengehalte wesentlich über 0,1 ppm sollten vermieden werden; sie bringen keine Verbesserung des Pflanzenwuchses, sondern bewirken eher das Gegenteil infolge Verdrängung anderer wichtiger Nährstoffe.

Bei reiner Fischhaltung spielt der Eisengehalt im Aquarium nur eine untergeordnete Rolle, denn Fische decken ihren Eisenbedarf nicht aus dem Wasser, sondern aus ihrer Nahrung. Sehr hohe Konzentrationen (ab 1,0 ppm) können fischschädlich sein, insbesondere, wenn es sich nicht um Eisenchelate handelt, sondern um Fe^{++}-Ionen. Derartige Fälle sind aber nur in der Nähe stark eisenhaltiger Quellzuflüsse zu beobachten, nicht jedoch in Aquarien.

Beeinflussung. Zu hohe Eisengehalte kommen in der Aquarienpraxis nicht vor, es sei denn infolge Überdüngung. Normalerweise fehlt in den meisten Aquarien das Eisen.

Als Eisenzugabe kommt ausschließlich chelatisiertes Eisen in Frage. In dieser Form ist es auch in den meisten Aquarien-Volldüngern enthalten. Die Dosierung richtet sich nach den Herstellerangaben, sollte jedoch unbedingt durch Messung des Fe-Gehaltes im Aquarienwasser kontrolliert werden.

Wenn allein nur Eisen zugegeben werden soll, kann man z. B. das Eisenchelat Fetrilon® (Fa. Bayer) benutzen. Es ist u. a. im Gartenfachhandel erhältlich und enthält 5 % komplex gebundenes Eisen. Um in einem 100-l-Aquarium 0,1 ppm Gesamteisen zu erhalten, werden 0,2 g Fetrilon® zugegeben (entspricht etwa Bohnengröße). Der Eisenbedarf eines Aquariums ist individuell sehr verschieden und unterliegt außerdem je nach Beleuchtung, Filterung, Pflanzenwuchs usw. erheblichen Schwankungen. Um unerwünschte Anhäufungen zu vermeiden, sollte deshalb vor jeder Eisenzugabe erst der tatsächliche Fe-Gehalt im Wasser gemessen werden.

10. Phosphat PO_4^{---}

Bedeutung. Phosphorverbindungen sind bei Tieren und Pflanzen unentbehrlich. Fische verwenden z. B. Calciumphosphat in ihrem Knochengerüst. Als Phosphatid[1] spielt das bekannte Lecithin in allen tierischen und pflanzlichen Zellen eine wichtige Rolle, besonders aber im Eidotter und im Gehirn der Wirbeltiere.

Fische decken ihren Phosphorbedarf durch die Nahrungsaufnahme, während Pflanzen auf das Phosphat im Wasser angewiesen sind. Es genügen schon sehr geringe Mengen im Wasser, denn Wasserpflanzen sind in der Lage, das Phosphat im Zellinneren rund 1000fach anzureichern; deshalb sind Mangelerscheinungen fast nie zu beobachten.

In natürlichen, nicht verunreinigten Wässern sind Phosphatgehalte von 0,005 bis 0,1 ppm meßbar. Sie reichen meist für eine gesunde Ernährung der Wasserpflanzen völlig aus, zumal auch ein Notvorrat an Phosphat von den Pflanzen gespeichert werden kann. In den Aquarien sind jedoch vielfach wesentlich größere Mengen bis zu mehreren ppm nachweisbar. Die Phosphate gelangen einerseits durch das Fischfutter und andererseits durch ungeeignete Düngepräparate ins Aquarienwasser.

---

[1] fettähnliche Phosphorverbindung

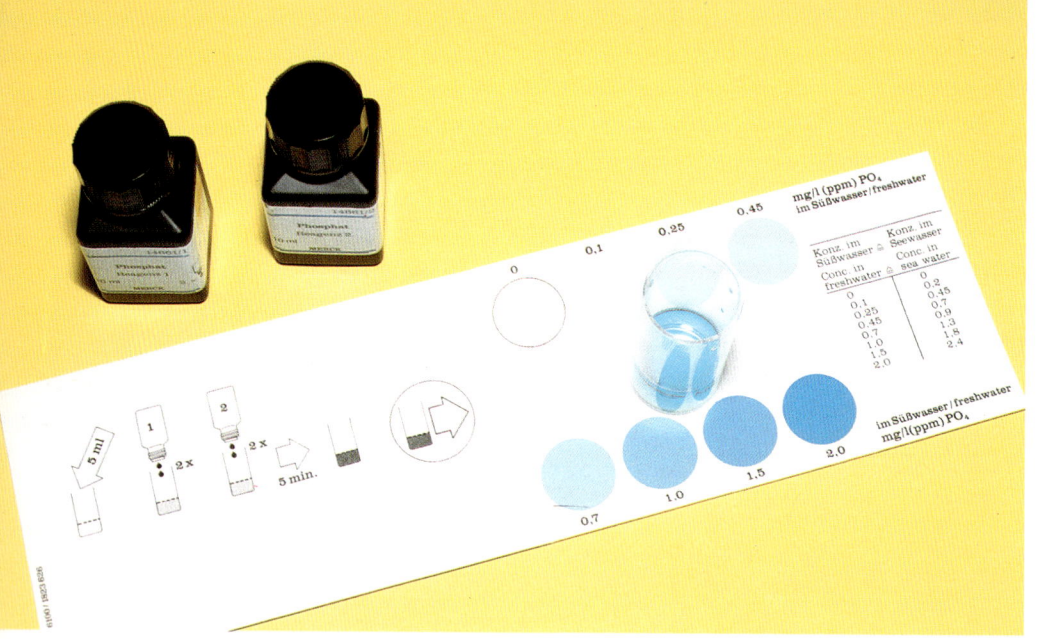

Bild 25. Mit dem Aquamerck® Phosphat-Test Nr. 14661 kann die Konzentration der PO_4-Ionen leicht bestimmt werden. Bei Werten über etwa 0,5 ppm PO_4 muß im Aquarium mit lästiger Algenbildung gerechnet werden.

Messung. Der Aquamerck® Phosphat-Test Nr. 14661 erlaubt nach Zugabe von zwei Reagenzien Messungen im Bereich von 0,1 bis 2,0 ppm Phosphat (im Süßwasser). Derselbe Test ist auch bei Seewasser anwendbar, jedoch ändert sich dann der Meßbereich in 0,2 bis 2,4 ppm PO_4^{---} (Bild 25).

Grenzwerte. Unter 0,025 ppm PO_4^{---} kann die Phosphatversorgung einiger Wasserpflanzen ins Stocken geraten. Weil aber solche geringen Mengen in Aquarien praktisch nie vorkommen, sondern eher zuviel Phosphat vorhanden ist, spielt der untere Grenzwert aquaristisch keine Rolle.

Höhere Phosphatkonzentrationen wirken nicht giftig; nach den EG-Richtwerten dürfen im Trinkwasser bis zu 6,1 ppm vorhanden sein. Im Aquarium jedoch sollten etwa 0,5 ppm PO_4^{---} nicht überschritten werden, weil sonst mit lästigen Algenplagen gerechnet werden muß.

11. Leitfähigkeit µS/cm

Bedeutung. Die elektrische Leitfähigkeit des Wassers wird in µS/cm[1] gemessen und gibt Auskunft über die Höhe des Gesamtsalzgehaltes. Wie bereits auf Seite 8 beschrieben, werden die Salzmoleküle beim Lösen im Wasser zu Ionenpaaren aufgespalten (Dissoziation). Diese ermöglichen als elektrische Ladungsträger einen Stromfluß durch das Wasser. Je salzreicher das

---

[1] sprich: Mikro-Siemens pro Zentimeter.

44

Wasser, desto mehr Ionen sind vorhanden, und desto höher ist die Leitfähigkeit.

Bei der Messung kann nicht unterschieden werden, welche Ionen in welchem Maß zur Leitfähigkeit beitragen. Es handelt sich also um eine summarische Bestimmung aller im Wasser gelösten Salze.

In den meisten Wässern allerdings stellen die Salze der Härtebildner den weitaus größten Anteil an der Leitfähigkeit. Als grober Richtwert kann davon ausgegangen werden, daß je 1°d Gesamthärte eine Leitfähigkeit von 30 µS/cm bei 20°C bewirken[1]. Werden bei einem Wasser von z.B.

[1] Genaugenommen gilt der Wert nur bei reinen Calciumhydrogencarbonatlösungen und mittlerem Härtebereich.

10°d nicht ca. 300, sondern 400 µS/cm bei 20°C gemessen, so sind neben den Calcium- und Magnesiumsalzen noch wesentliche Mengen anderer Salze vorhanden. Dies können beispielsweise Natrium- oder Kaliumsalze sein.

Durch Messen der Leitfähigkeit läßt sich sehr einfach die Qualität eines mittels Ionenaustauscher entsalzten Wassers prüfen. Bei einwandfreier Vollentsalzung liegt die Leitfähigkeit wesentlich unter 10 µS/cm. Höhere Werte zeigen die Erschöpfung der Ionenaustauscher an.

Besondere aquaristische Bedeutung hat die Leitfähigkeit bei der Zucht empfindlicher Fische und vor allem beim Umsetzen von Tieren und Pflanzen in verschiedene Aquarienwässer. Die Leitfähigkeit bzw. der Ge-

Bild 26. Durch die halbdurchlässige Membran wandert so lange Wasser aus der linken Kammer in die rechte hinein, bis die Druckverhältnisse ausgeglichen sind. Eine geringe osmotische Druckdifferenz bleibt bestehen, um die hydrostatische Druckdifferenz der beiden Wassersäulen zu kompensieren.

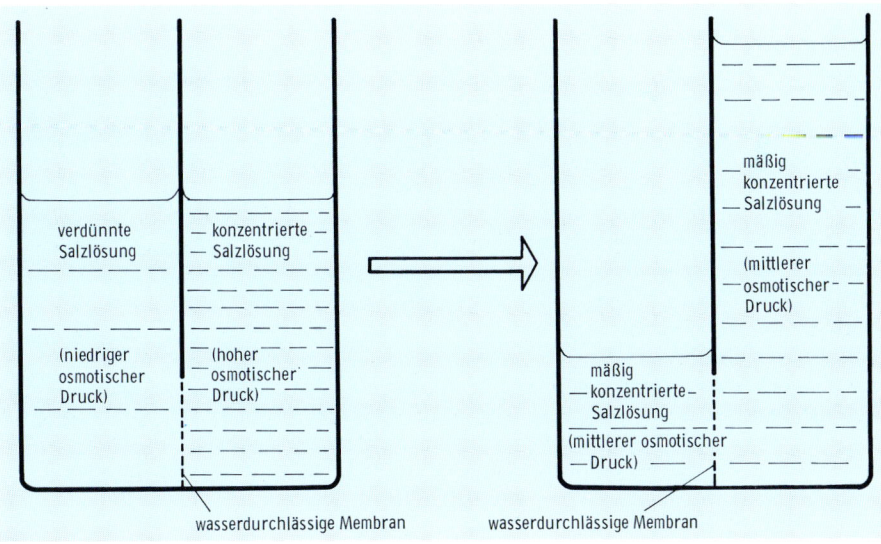

Bild 27. Dieser Wildbach im Hochland von Sri Lanka führt salzarmes Weichwasser (ca. 25 µS/cm). Er ist dicht bewachsen mit *Cryptocoryne wendtii*. Die ausgewaschenen Ufer und das braune Unterholz zeugen von reißendem Hochwasser nach tropischen Regengüssen.

samtsalzgehalt bestimmt nämlich weitgehend den »osmotischen Druck« des Wassers. Unter osmotischem Druck versteht man das Bestreben zweier verschieden stark konzentrierter Lösungen, die durch eine für Salze undurchlässige Membran voneinander getrennt sind, dieses Konzentrationsgefälle dadurch auszugleichen, daß eine entsprechende Wassermenge durch die trennende Membran hindurchgedrückt wird (Bild 26).

Das ist biologisch außerordentlich bedeutsam, und zwar besonders in Hinsicht auf Schrumpfungs- oder Quellungsvorgänge.

Stellen wir uns z. B. eine lebende Zelle mit normalem Salzgehalt vor und legen sie in ein salzarmes Wasser: Sogleich beginnt die Zelle Wasser aufzunehmen, um das osmotische Gefälle auszugleichen, d. h. sie quillt kräftig auf. Die Zellwand kann schließlich so stark gespannt werden, daß sie unter Umständen wie ein Luftballon zerplatzt, und die Zelle stirbt!

Die meisten höheren tierischen und pflanzlichen Lebewesen sind in der Lage, sich wechselnden osmotischen Umweltbedingungen langsam (!) weitgehend anzupassen. Ei- oder Spermazellen können es oft-

46

mals nicht; und hier liegt der Grund, weshalb die Zucht vieler Fische aus salzarmen Weichwassergebieten in hartem Wasser erfolglos bleibt! – Beim Umsetzen von Tieren oder Pflanzen in andere Wässer muß also darauf geachtet werden, daß der osmotische Druck nicht schroff gewechselt wird. Dabei gibt uns die Messung der Leitfähigkeit eine entscheidende Hilfe. Die Praxis zeigt, daß Umsetzungen von niedrigen zu höheren Leitwerten meist sehr gut vertragen werden. Umgekehrt jedoch treten leicht Schäden auf; hier sollten bei großen Unterschieden deshalb für mehrere Stunden Bäder mit Mischwasser mittlerer Leitfähigkeit dazwischenliegen.

Messung. Zur Messung der Leitfähigkeit wird eine sehr schwache Wechselspannung an zwei Elektroden gelegt und der Stromfluß gemessen. Bei dem Gerät auf Bild 18 (links) wird die Meßzelle mit den zwei Elektroden einfach ins Wasser gehalten und das Meßergebnis auf dem Anzeigegerät abgelesen. Aquaristisch gut geeignete und preiswerte Leitfähigkeitsmesser werden im Zoohandel angeboten. Für geschickte Bastler ist auch der Selbstbau möglich[1].

Das Meßergebnis wird stets in μS/cm (Mikro-Siemens pro Zentimeter) angegeben. Die gelegentlich benutzte Bezeichnung »μS« ist schlichtweg falsch, denn genauso wie z. B. Geschwindigkeiten richtig in km/h angegeben werden, ist die Aussage »mein Auto fährt 180 km« falsch und bedeutet lediglich, daß das Auto 180 km weit fahren könnte.

Mit wachsender Temperatur steigt die Beweglichkeit der Ionen im Wasser und damit auch der Meßwert. Es muß also zum Meßergebnis stets auch die Temperatur angegeben werden; insbesondere wenn von der allgemein üblichen Bezugstemperatur von 20 °C abgewichen wird. Der digitale Leitfähigkeitsmesser auf Bild 18 (links) besitzt einen eingebauten Thermofühler und korrigiert automatisch das Meßergebnis entsprechend der Wassertemperatur. Für andere, einfachere Geräte dient Tabelle 10 zum Umrechnen.

Tabelle 10. Temperaturabhängige Korrekturfaktoren für die Leitfähigkeitsmessung.

Temperatur bei der Messung in °C	Korrekturfaktor
15	1,132
16	1,095
17	1,071
18	1,046
19	1,023
20	1,000
21	0,979
22	0,958
23	0,937
24	0,919
25	0,901
26	0,840
27	0,810
28	0,790
29	0,770
30	0,750

[1] KRAUSE: Selbstbau eines Leitfähigkeitsmessers (Aquarien-Magazin 7/1977; Kosmos-Verlag, Stuttgart).

Beeinflussung. Bei zu niedriger oder zu hoher Leitfähigkeit kann genau gleich verfahren werden, wie bei der Beeinflussung der Gesamt- bzw. Carbonathärte auf Seite 15 und Seite 18 beschrieben ist, denn bei den meisten natürlichen Wässern sind die Härtebildner Hauptbestandteil des Gesamtsalzgehaltes.

12. Das Dreiergespann KH-CO$_2$-pH

Rechentafel. Bild 16 (Seite 31) zeigt, wie der pH-Wert eng mit dem Kohlensäuregehalt und der Carbonathärte verknüpft ist. Diese drei Partner hängen in natürlichen Wässern wechselseitig voneinander ab. Sind zwei der Partner durch Messung bekannt, so kann leicht der dritte ermittelt werden.

Der Zusammenhang läßt sich graphisch recht genau darstellen. Es muß allerdings darauf hingewiesen werden, daß genaugenommen auch die Temperatur und die übrigen Ionen im Wasser nicht ohne Einfluß sind und daß Verfälschungen vor allem bei besonderen Zusätzen von Basen oder Säuren (Torffilterung!) auftreten.

Die Rechentafel auf Bild 28 gibt einen guten Überblick über diese Zusammenhänge von Carbonathärte, CO$_2$-Gehalt und pH-Wert. Sie gilt mit hinreichender Genauigkeit für Aquarienwässer mit durchschnittlichem Ionen-Spektrum ohne Torffilterung bei 25° C[1]. Weil die Genauigkeit der Ergebnisse u.a. von der Meßgenauigkeit der ersten beiden Partner abhängt, sollte der pH-Wert möglichst elektrisch oder mit dem Aquaquant® pH-Test Nr.

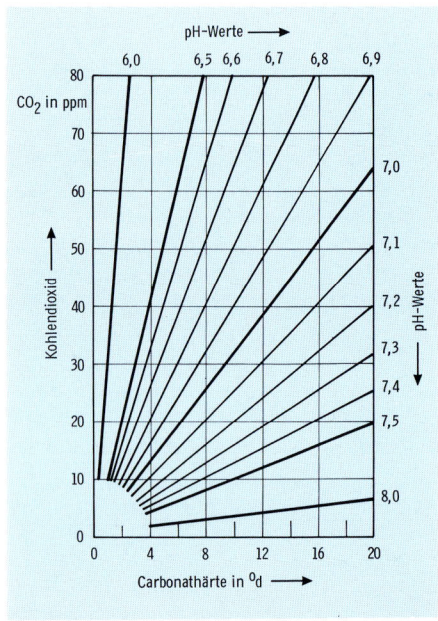

Bild 28. KH-CO$_2$-pH-Rechentafel (nach KRAUSE) für natürliche Wässer mit durchschnittlichem Ionen-Spektrum bei 25°C. Anwendungsbeispiele im Text!

14 430 auf 0,1 pH genau bestimmt werden. Die Rechentafel ist – auch wenn man dabei keine absolute Genauigkeit erwarten darf – in der Aquarienpraxis sehr nützlich bei der Lösung vieler wasserchemischer Fragen. Hier einige Beispiele:

Bestimmung des CO$_2$-Gehaltes. Sind Carbonathärte und pH-Wert bekannt, so läßt sich der ungefähre CO$_2$-Gehalt errechnen. Beispiel: In einem normalen Aquarienwasser ohne Torffilterung werden 10°d KH und 6,9 pH gemessen. Wie hoch ist ungefähr der CO$_2$-Gehalt?

Lösungsweg: Suche auf der unteren Skala

---

[1] Abweichungen der Temperaturen um 5° C rufen zusätzlich Fehler von ca. 0,03 pH bzw. 10% auf der KH- bzw. CO$_2$-Skala hervor.

Bild 29. Experimentelle Bestimmung der pH-Grenzen. Der pH-Wert in der belüfteten Probe links entspricht 0,5 ppm CO_2. Der pH-Wert in der beatmeten Probe rechts entspricht etwa 60 ppm CO_2.

10 °d auf und gehe senkrecht nach oben bis zur schräg verlaufenden 6,9-pH-Linie; in dieser Höhe sind auf der linken Seite 40 ppm CO_2 ablesbar.

Bestimmung der pH-Grenzen. Im Interesse der Fische sollte ein CO_2-Gehalt von 60 ppm nicht wesentlich überschritten werden (Seite 39). Das läßt sich leicht durch eine laufende pH-Messung mittels pH-Dauerindikator (z. B. CO_2-Langzeit-Test auf Bild 22) oder elektrischem pH-Meter überwachen, wenn die Carbonathärte des Wassers bekannt ist. Je nach Härte liegen die pH-Grenzen anders.

Beispiel: Das Wasser besitzt eine Carbonathärte von 8 °d. Um die CO_2-Grenze von 60 ppm nicht zu überschreiten, darf der pH-Wert laut Rechentafel nicht unter rund 6,6 fallen. – Umgekehrt sollte im Interesse der Pflanzen der CO_2-Gehalt nicht unter 10 ppm fallen. Die Rechentafel zeigt, daß der pH-Wert bei 8 °d und 10 ppm CO_2 bei 7,4 liegt. Dieses Aquarium sollte also mit Belüftung bzw. CO_2-Zufuhr so betrieben werden, daß der pH-Wert stets zwischen 6,6 und 7,4 liegt.

Es sei nochmals darauf hingewiesen, daß die Rechentafel bei Torffilterung wegen der zugesetzten sauren Huminstoffe nicht gelten kann. Die pH-Werte liegen hier tiefer, als durch die Wirkung der Kohlensäure zu erwarten wäre. Die pH-Grenzen können dann experimentell bestimmt werden. Das folgende Verfahren (nach KRAUSE) ist bei jedem Wasser anwendbar und kommt ohne Messung der Carbonathärte aus:

Dem betreffenden Aquarium werden zwei Wasserproben entnommen und mit entsprechender Tropfenzahl pH-Indikator versetzt. Die eine Probe wird mit der Luftpumpe durchlüftet, um alles CO_2 auszutreiben. Dies ist erreicht, wenn sich die Farbe des pH-Indikators nicht mehr ändert. Diesen pH-Wert merken wir uns; er ist die obere pH-Grenze.

Die zweite Probe wird mittels Strohhalm so lange beatmet, bis das Wasser mit dem CO_2 unserer Atemluft maximal angereichert ist. Dies ist erreicht, wenn sich die Farbe des pH-Indikators nicht mehr ändert. Diesen pH-Wert merken wir uns ebenfalls; er ist die untere Grenze, denn glücklicherweise enthält jede (!) ausreichend lange beatmete Wasserprobe mit genügender Genauigkeit 60 ppm CO_2 (Bild 29, Seite 49).

Zulässige Carbonathärte. Oftmals werden leicht saure Wässer benötigt. Bekanntlich ist das Ansäuern mit chemischen Präparaten oder Mineralsäuren rundweg abzulehnen (siehe Seite 33). Zur Senkung des pH-Wertes kommen allein CO_2-Zugabe oder eventuell Torffilterung in Frage. Beide wirken nur schwach pH-senkend und setzen deshalb geringe Carbonathärten voraus, deren Höhe leicht aus der Rechentafel abgelesen werden kann.

Beispiel: Das Wasser soll etwa 6,5 pH haben. Wie hoch darf die Carbonathärte sein, wenn höchstens 30 ppm CO_2 vorhanden sein sollen?

Lösungsweg: Es wird der Schnittpunkt der 6,5-pH-Linie mit der waagerechten 30-ppm-Linie der linken Skala aufgesucht. Unter dem Schnittpunkt kann auf der unteren Skala als Ergebnis 3°d abgelesen werden.

Inhaltsstoffe aus Wasserbehandlungs-Verfahren

13. Chlor Cl_2

Bedeutung. Chlor ist ein giftiges Gas mit typisch stechendem Geruch. Es zerstört tierisches und pflanzliches Gewebe schon in sehr geringen Konzentrationen. Bereits 0,0001 % Cl_2 in der Atemluft wirken reizend und werden ohne weiteres am Geruch erkannt, allerdings besteht in dieser Verdünnung keinerlei Gefahr.

Um Irrtümern vorzubeugen: Das Chlorgas Cl_2 darf nicht verwechselt werden mit den negativ geladenen Chlorid-Ionen Cl^-. Letztere sind lebensnotwendig! Sie sind z.B. in Kochsalz und in den meisten Wässern enthalten und spielen u. a. im Wasserhaushalt von Tier und Pflanze eine wichtige Rolle. Chemisch gesehen handelt es sich beim Cl_2 um das Molekül, wogegen das Cl^--Ion noch ein zusätzliches Elektron in der äußeren Elektronenschale besitzt, wodurch es völlig andere Eigenschaften erhält.

Chlor wird wegen seiner starken Desinfektionswirkung nicht nur dem Schwimmbadwasser[1], sondern gelegentlich auch dem

---

[1] für kleinere Anlagen wird anstatt Chlorgas auch Hypochloritlauge verwendet, aus der allmählich Chlorgas freigesetzt wird.

Trinkwasser zugesetzt, um Krankheitskeime, Algen usw. zu vernichten. In der Bundesrepublik Deutschland ist die ständige vorsorgliche Chlorung des Trinkwassers nicht üblich. Nur in besonderen Fällen, wie z.B. bei der Wassergewinnung aus Talsperren oder der Reinigung von Wasserbehältern, können etwa 0,2 ppm Chlor zugeführt werden. In der Zeit, bis das Wasser zu Hause aus dem Hahn läuft, ist aber meist der größte Teil des Chlors bereits verbraucht.

Aus den eben genannten Gründen spielt das Chlor heute kaum noch eine Rolle in der Aquarienpraxis. Wenn es aber beim Aufdrehen der Brausedusche nach Hallenbad zu riechen beginnt, dann ist Vorsicht angebracht! Wahrscheinlich hat man dann einen Tag erwischt, an dem die Reinigung und anschließende Chlorung eines Wasserbehälters fällig war.

Messung. Mit dem Aquamerck®-Chlor-Test Nr. 14670 kann der Chlorgehalt im Bereich von 0,1 bis 2,0 ppm Cl_2 bestimmt werden. Die Nachweisgrenze läßt sich erheblich verbessern, wenn anstelle des kleinen Prüfgefäßes ein schlankes Reagenzglas mit etwa 20 ml Wasserprobe verwendet wird: Nach dem Zusatz von 15 Tropfen der Cl_2-Reagenzlösung und Umschwenken der Mischung blickt man von oben in das Glas hinein auf eine weiße Unterlage; entstehende Gelb-Färbung weist auf Chlor hin.

Grenzwerte. Aquarienwasser sollte unbedingt chlorfrei sein. Bereits ab etwa 0,1 ppm Chlor muß mit Fischschädigungen gerechnet werden, insbesondere bei längerer Einwirkung.

Beeinflussung. Wenn man es nicht vorzieht, einige Tage abzuwarten, um dann chlorfreies Wasser zu zapfen, können zwei Wege zur Entchlorung beschritten werden:

a. Das Wasser wird nicht unmittelbar dem Wasserhahn entnommen, sondern erst mittels Handbrause in weitem Bogen in die Badewanne verrieselt. Durch den intensiven Luftkontakt wird das gasförmige Chlor ausgetrieben.

b. Das Wasser wird langsam über ein Filter mit frischer Aktivkohle geleitet. Das ablaufende Wasser ist chlorfrei.

14. Kupfer Cu^{++}

Bedeutung. Kupfer kommt in natürlichen Wässern praktisch nicht vor. Im Leitungswasser jedoch kann es bei der Verwendung von Kupferrohren vorhanden sein. Wenn das Wasser in den Kupferschlangen von Warmwasserboilern o.ä. über Nacht gestanden hat, sind Kupfergehalte von 2 bis 3 ppm Cu^{++} nicht ungewöhnlich. Bei noch höheren Konzentrationen erhält das Wasser einen metallischen bitteren Nachgeschmack.

In der Aquaristik werden gelegentlich Kupfer-Heilbäder benutzt. So sind z.B. gegen Hautparasiten Bäder mit 1,5 mg Kupfersulfat ($CuSO_4 \cdot 5H_2O$) pro Liter gebräuchlich (entspricht 0,38 ppm Cu^{++}). Doch ist dabei größte Vorsicht geboten, weil sehr leicht die Grenze zur Giftigkeit überschritten werden kann.

Von Tieren und Pflanzen wird das Kupfer im allgemeinen nicht benötigt, wenn man von vielleicht allergeringsten Spuren absieht. Allerdings haben die Weichtiere und Krebse des Meeres in ihrem Blut anstelle des eisenhaltigen Hämoglobin das kupferhaltige Hämocyanin; diese sind deshalb auf Cu^{++}-Spuren im Wasser angewiesen.

Messung. Der Aquamerck® Kupfer-Test Nr. 14651 erlaubt nach Zugabe von zwei Reagenzien die Messung des Cu^{++}-Ionen-

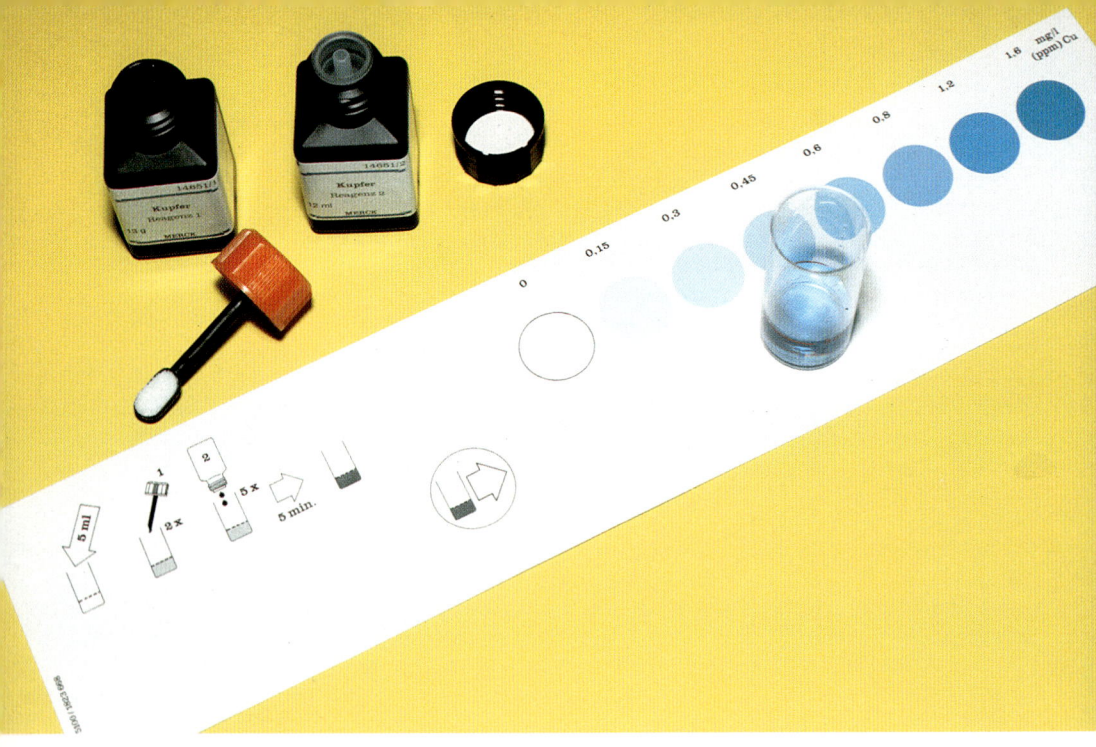

Bild 30. Kupferbestimmung mit dem Aquaquant® Test Nr. 14651. Im Aquarium sollte normalerweise kein Kupfer nachweisbar sein.

gehaltes im Bereich von 0,15 bis 1,6 ppm. Er ist gleichermaßen im Süß- wie auch im Seewasser anwendbar (Bild 30).

Grenzwerte. Kupfer ist bereits in geringen Dosen äußerst giftig für Wirbellose, Algen und höhere Wasserpflanzen. Fische ertragen etwas mehr. Die Verträglichkeitsgrenze liegt nicht eindeutig fest, sondern hängt von mehreren anderen Faktoren ab. So wird z.B. in hartem Wasser gelöstes Kupfer sehr bald als basisches Salz abgeschieden und somit dem freien Wasser entzogen. Auch wirken manche organische Verunreinigungen als Chelator (s. a. beim Eisen auf Seite 40) und nehmen dem Kupfer-Ion weitgehend seine Giftwirkung.

Als Richtwert kann man davon ausgehen, daß Algen und höhere Wasserpflanzen je nach Art ab $0,08-0,4$ ppm Cu^{++} geschädigt werden und Fische ab $0,12$ bis $2,0$ ppm Cu^{++}.

Für die Aquarienpraxis gilt also, daß insbesondere bei weichem Wasser bereits $0,01$ ppm Kupfer sehr bedenklich sind und Gegenmaßnahmen erfordern. Dieser Grenzwert entspricht übrigens auch den EG-Richtlinien für das Trinkwasser.

Beeinflussung. Bei zu hohem Kupfergehalt muß ein Wasserwechsel durchgeführt werden. Dabei muß darauf geachtet werden, daß das frische Leitungswasser nicht bereits Kupfer enthält. Gegebenenfalls so lange aus der Leitung ablaufen lassen, bis kein Kupfer mehr nachweisbar ist!

15. Ozon O_3

Bedeutung. Der normale Sauerstoff besteht aus zwei Atomen, er hat deshalb die chemische Formel O_2. Beim Ozon dagegen haben sich drei Atome zu einem Gasmolekül zusammengeschlossen, deshalb hat Ozon die Formel O_3. Ozon entsteht aus dem normalen Sauerstoff u. a. durch Einwirkung von kurzwelliger UV-Strahlung oder elektrischer Entladung, wobei es sich durch einen typischen, stechenden Geruch bereits in Verdünnungen von $1:500\,000$ verrät.

Ozon ist nicht beständig, sondern zerfällt allmählich in die Normalform des Sauerstoffes O_2 nach der Gleichung

$$O_3 \rightarrow O_2 + O$$

Das dabei freiwerdende O-Atom ist außerordentlich reaktionsfreudig, ja geradezu aggressiv; hierauf beruht die extrem starke Oxidationswirkung des Ozons. Ozon kann oxidativ viele organische Verbindungen zerstören, Bakterien und Viren abtöten usw. Bei höherer Konzentration werden jedoch auch Tiere und Pflanzen geschädigt. In der Aquaristik wird Ozon zur Wasserentkeimung und vor allem aber zur Beschleunigung der oxidativen Reinigungsvorgänge benutzt. So werden u. a. die meisten Eiweißabbauprodukte im Wasser schnell durch Oxidation zerstört und auch giftiges Nitrit ohne Bakterienhilfe (!) rasch in relativ ungiftiges Nitrat übergeführt. In Seewasseraquarien verbessert Ozon den Wirkungsgrad von Eiweißabschäumern ganz erheblich und erleichtert somit die Wasserpflege.

Im Süßwasser kann die Ozonung bei ausgesprochenen Pflanzenaquarien nachteilig sein. Durch die starke Oxidationswirkung des Ozons ist es möglich, daß wichtige Nährstoffe (z.B. Eisen, Mangan) in die wasserunlösliche Form übergeführt werden und damit für die Pflanzenernährung ausfallen. Auch muß mit der Zerstörung eventuell schützender Chelatoren gerechnet werden (s. Seite 40).

Umfassende Informationen über aquaristische Ozongeräte, geeignetes Schlauchmaterial, Lufttrockner zur Verbesserung des Wirkungsgrades, Dosierung usw. sind u. a. enthalten im »Kosmos-Handbuch Aquarienkunde« (Kosmos-Verlag, Stuttgart) und im »Technischen Ratgeber für Aquarienfreunde« (Ozon-Sander, Am Osterberg 22, 3162 Uetze-Eltze).

Messung. Von der Entwicklung eines Testsatzes zur Messung der O_3-Konzentration wurde abgesehen, weil die Höhe des O_3-Gehaltes im Aquarienwasser eine untergeordnete Rolle spielt (s. Abschnitt »Grenzwerte«). Der Nachweis von Ozon im Wasser kann mit dem Aquamerck® Chlor-Test Nr. 14670 durchgeführt werden.

Grenzwerte. Im Aquarium selbst darf kein Ozon nachweisbar sein, es sind sonst Schäden insbesondere an den Kiemen der Fische zu erwarten. Das Ozon soll seine Wirkung allein in der Filterkammer bzw. im Eiweißabschäumer entfalten.

Im Zimmer darf kein Ozongeruch wahrnehmbar sein. Die Vorstellung, Ozon sei ein besonders »gesunder« Sauerstoff, ist falsch und gefährlich! Als maximale Arbeitsplatz-Konzentration (MAK-Wert) sind vom Gesetzgeber 0,2 mg pro Kubikmeter Luft zugelassen; erst die 20fache Menge ist als Geruch bemerkbar!

Beeinflussung. Falls Ozon im freien Aquarienwasser nachweisbar ist oder sich durch

Geruch bemerkbar macht, ist die Dosierung entschieden zu hoch!

Ist die hohe Dosierung unumgänglich, kann man versuchen, das ablaufende Wasser bzw. die entweichende Luft über Aktivkohlefilter zu führen. Darin wird das Ozon bei ausreichend langer Kontaktzeit zerlegt zu Sauerstoff O_2 und geringfügigen Mengen Kohlendioxid CO_2.

16. Wasserstoffperoxid H_2O_2

Bedeutung. Das Wasserstoffperoxid ist eine farblose Flüssigkeit, welche leicht nach folgender Gleichung zerfällt:

$$H_2O_2 \rightarrow H_2O + O^1$$

Das freigesetzte einzelne Sauerstoffatom O hat eine ähnlich reaktionsfreudige Eigenschaft wie beim Ozon beschrieben und wirkt deshalb u.a. bakterientötend. Außerdem werden zahlreiche organische Verbindungen auf oxidativem Wege zerstört (z.B. Ausbleichen der Haarfarbe). Wasserstoffperoxid ist im Handel erhältlich als 3 oder 30%ige wäßrige Lösung. Das 30%ige H_2O_2 wird auch als Perhydrol bezeichnet und ist nicht ungefährlich im Umgang, weil es auf Haut und Schleimhäute ätzend wirkt. In der Aquaristik wird H_2O_2 gelegentlich als Notmaßnahme bei akutem Sauerstoffmangel benutzt. Dabei werden einmalig auf 100 l Aquarienwasser 25 ml einer 3%igen Wasserstoffperoxidlösung gegeben. Nicht nachdosieren, ohne zu messen! Weil sich das H_2O_2 nur langsam zersetzt, sind sonst sehr gefährliche Überdosierungen möglich! Siehe auch im Kapitel »Sauerstoff« auf Seite 30.

Eine weitere aquaristische Anwendung sind die sogenannten Oxidatoren, die bei stark besetzten Aquarien die oxidative Reinigungsarbeit der Filter unterstützen und das Wasser mit Sauerstoff anreichern können. Diese Oxidatoren werden mit verdünntem Wasserstoffperoxid gefüllt und geben es langsam über Wochen verteilt ab, wobei das H_2O_2 durch einen Braunstein-Katalysator zerlegt wird zu Wasser und Sauerstoff.

Messung. Der Gehalt an Wasserstoffperoxid läßt sich sehr einfach bestimmen mit Hilfe der Merckoquant® Peroxid-Teststäbchen Nr. 10011 (ähnlich dem Nitrat-Test auf Bild 9). Der Meßbereich umfaßt 1 bis 100 ppm H_2O_2. Eine 0,01%ige Wasserstoffperoxidlösung enthält 100 ppm H_2O_2. Bei der Messung im Seewasser verläuft die chemische Reaktion des Teststäbchens deutlich langsamer. Wartet man aber mit dem Farbvergleich etwas länger ab (ca. 10−15 sec anstelle der empfohlenen 5 sec), so erhält man richtige Ergebnisse.

Grenzwerte. Grundsätzlich sollte im Aquarium kein Wasserstoffperoxid nachweisbar sein.

Nach der als Notmaßnahme bei Sauerstoffmangel beschriebenen Dosierung sind maximal 7,5 ppm H_2O_2 meßbar, die sich langsam abbauen. Bei höherer Konzentration oder längerer Einwirkung muß mit Schäden an Tieren und Pflanzen gerechnet werden.

Beeinflussung. Wasserstoffperoxid zersetzt sich mit der Zeit von selbst. Schnelle Senkung des Gehaltes im Aquarium ist nur durch Wasserwechsel möglich.

Wenn bei Verwendung eines Oxidators im Aquarienwasser ständig H_2O_2 nachweisbar ist, so ist die Dosierung zu hoch oder das Gerät besitzt keinen Katalysator und gibt deshalb unzerlegtes H_2O_2 ins Aquarium ab.

---

[1] chemisch korrekt gesehen entsteht nicht O, sondern $\frac{1}{2}$ O_2.

C. Anhang

Analysenbeispiele tropischer Gewässer

Im Aquarium werden bevorzugt Fische und Pflanzen aus tropischen Gewässern gehalten. Besonders bei schwierigen Zuchten und Pflanzenkulturen ist es wichtig, wenigstens annähernd die Wasserzusammensetzung der Heimatbiotope zu kennen. Eine genaue Kopie der Wasserwerte im Aquarium ist jedoch nur selten erforderlich, denn die Tiere und Pflanzen des Süßwassers können sich abweichenden Wasserwerten in gewissen Grenzen gut anpassen. Außerdem stellt jede Analyse eigentlich nur eine »Momentaufnahme« dar, denn die Wasserzusammensetzung unterliegt insbesondere bei Bächen, Flüssen und kleineren Seen deutlichen Veränderungen je nach Jahreszeit und Wetterlage (z.B. Regenzeit!). Schwankungen von ± 20% und darüber sind nicht ungewöhnlich und

Bild 31. Dieser schnellfließende Bach im Süden von Thailand enthält extrem weiches Wasser und versteckte Quellzuflüsse, erkennbar am hohen Eisen- und Kohlendioxidgehalt. Er ist dicht bewachsen mit *Cryptocoryne cordata* (Bild 32) und *Barclaya longifolia*.

Tabelle 11. Meßwerte einiger tropischer Gewässer

	Temp. °C	GH °d	KH °d	NH₄ ppm	NO₂ ppm	NO₃ ppm	O₂ ppm	pH —	CO₂ ppm	Fe ppm	Leitf. µS/cm
Amazonasgebiet, Klarwasser[1]	28	0,5	0,3	0,1	—	0,6	—	5,6	3	0,1	18
desgl. Weißwasser[1]	28	1,3	0,5	0,05	—	0,1	—	6,8	6	0,6	45
desgl. Schwarzwasser[1]	28	<0,2	<0,2	0,2	—	0,1	4,0	4,2	70	0,3	11
Zentralafrika, Tanganjikasee	27	11	18	<0,02	—	<0,5	—	8,7	0	—	560
Süd-Thailand, schnellfließender Bach mit Cryptocorynen (Bild 31)	26	<0,2	<0,2	0,02	0,01	0,5	5,5	5,6	40	0,55	22
desgl. schmaler Graben, zugewuchert mit *Barclaya longifolia*	25	0,3	0,6	2,8!	<0,01	—	—	6,0	16	0,8	38
desgl. schmaler Fluß in Kalkfelsenregion mit *Cryptocoryne crispatula*	26	9	11	0,08	<0,01	2,5	6,5	7,7	5	0,05	320
desgl. besonnter Quelltümpel mit blühenden Utricularien (Bild 33)	26	0,2	0,2	0,04	—	5	4,0	5,6	12	0,05	13
Sri Lanka, Fluß im Kegalla-Distrikt mit *Vallisneria asiatica* (Bild 34)	27	5	4	0,02	<0,01	—	—	7,8	2	0,8	180
desgl. sehr lebhafte Quelle im Matale-Distrikt mit Cryptocorynen (Bild 36)	25	14	14	<0,02	<0,01	—	—	7,0	45	0,03	480
desgl. Speichersee bei Anuradhapura mit vielen Wasserpflanzen (Bild 38)	28	4	4	<0,02	—	—	—	7,1	10	1,3	190

[1] In diesem Gebiet schwanken die Wasseranalysen sehr stark mit der Jahreszeit, deshalb wurden hier aus vielen Veröffentlichungen die mittleren Werte angegeben.

Anmerkung: Angaben wie z.B. <0,02 besagen, daß der betreffende Stoff nicht nachweisbar war, wobei die Nachweisgrenze des Analyseverfahrens bei 0,02 ppm lag.

Bild 32. Der Bach von Bild 31 ist übervoll bewachsen mit wunderschönen Cryptocorynen (*Cryptocoryne cordata,* früher *C. siamensis*). Die rasche Strömung hat die leuchtend rote Blattunterseite einiger Pflanzen nach oben gewendet.

keinesfalls störend. Bei vielen Fischarten ist ein jahreszeitlicher Wechsel der Wasserzusammensetzung sogar unbedingt notwendig, um die Laichbereitschaft überhaupt auszulösen.

Wie die Tabelle 11 zeigt, gibt es in den Tropen sowohl salzarme als auch salzreichere Gewässer. Die weitverbreitete Annahme, tropische Gewässer seien stets weich und sauer, trifft keineswegs zu! Kalkregionen können dem Wasser durchaus höhere Härtegrade geben, und je nach Wasserzusammensetzung kann sich dann unter Umständen eine andere Fisch- und Pflanzenwelt entwickeln.

Wasseruntersuchungen müssen in der Regel grundsätzlich an Ort und Stelle vorgenommen werden, denn die chemische Zusammensetzung in einer Wasserprobe kann sich bereits nach wenigen Stunden infolge bakterieller Umsetzungen usw. ganz erheblich ändern. Dies gilt insbesondere für den Gehalt an Eisen, Sauerstoff, Kohlendioxid und sämtliche Stickstoffverbindungen. Es ist z.B. Unsinn, den Eisengehalt einer zwei Stunden lang transportierten Wasserprobe im Speziallabor mit höchster Präzision bestimmen zu lassen, denn unter Umständen ist dann nur noch die Hälfte des Eisens nachweisbar, weil Ausfällungen stattge-

57

Bild 33. Dieser Weichwasser-Tümpel inmitten thailändischer Reisfelder enthält außer den rosa blühenden Utricularien auch kräftig entwickelte Bestände des Sumpffreundes *Limnophila sessiliflora*.

Bild 34 (rechte Seite, oben). Dieser kleine Fluß im Westen von Sri Lanka führt mäßig weiches Wasser mit einem überraschend hohen Eisengehalt. Besonders am linken Uferrand haben sich dichte Bestände der Sumpfschraube *Vallisneria asiatica* ausgebreitet (Bild 35).

Bild 35 (rechte Seite, unten). Im Fluß von Bild 34 haben sich in Ufernähe kräftige Kolonien von *Vallisneria asiatica* angesiedelt. Die Länge ihrer Blätter erreicht 80 bis 120 cm. Sie scheint sich auch bei nur geringen CO_2-Gehalten wohl zu fühlen (s. Tabelle 11).

funden haben. Verläßliche Ergebnisse sind allein bei Messungen an Ort und Stelle zu erwarten! Für den Feldeinsatz und auf Reisen eignen sich sehr gut die im nächsten Kapitel aufgeführten Kompaktlabore und Einzel-Schnelltests.

Letztere passen notfalls sogar auch in die Hosentasche.

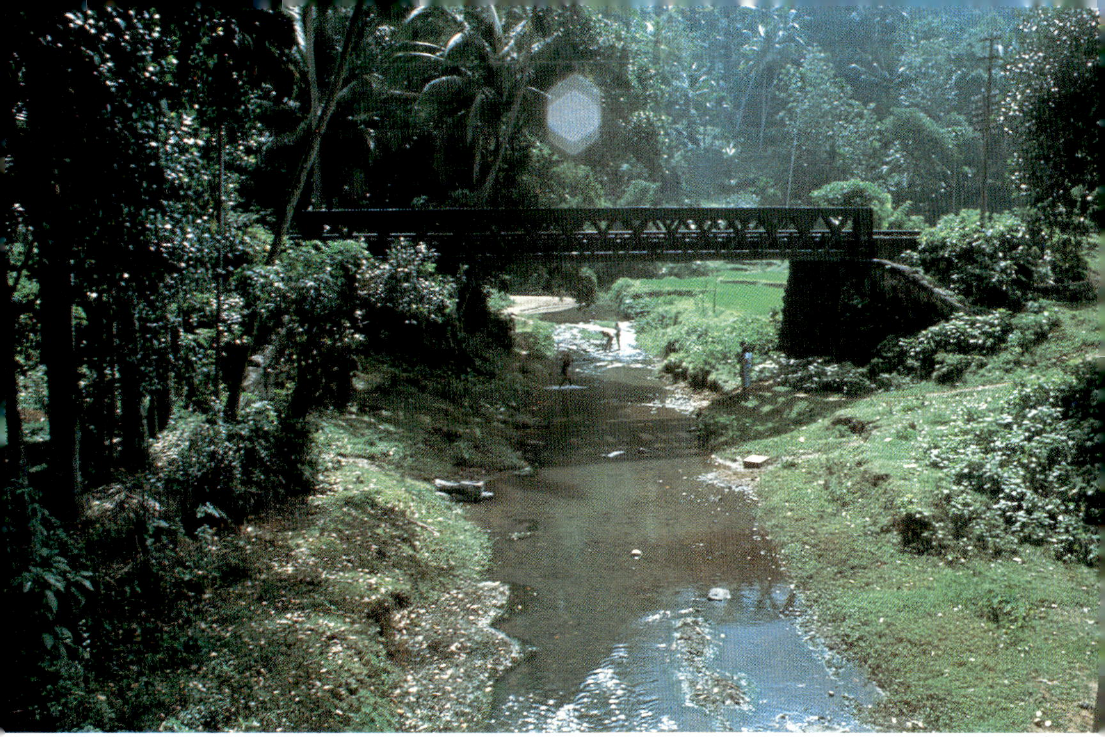

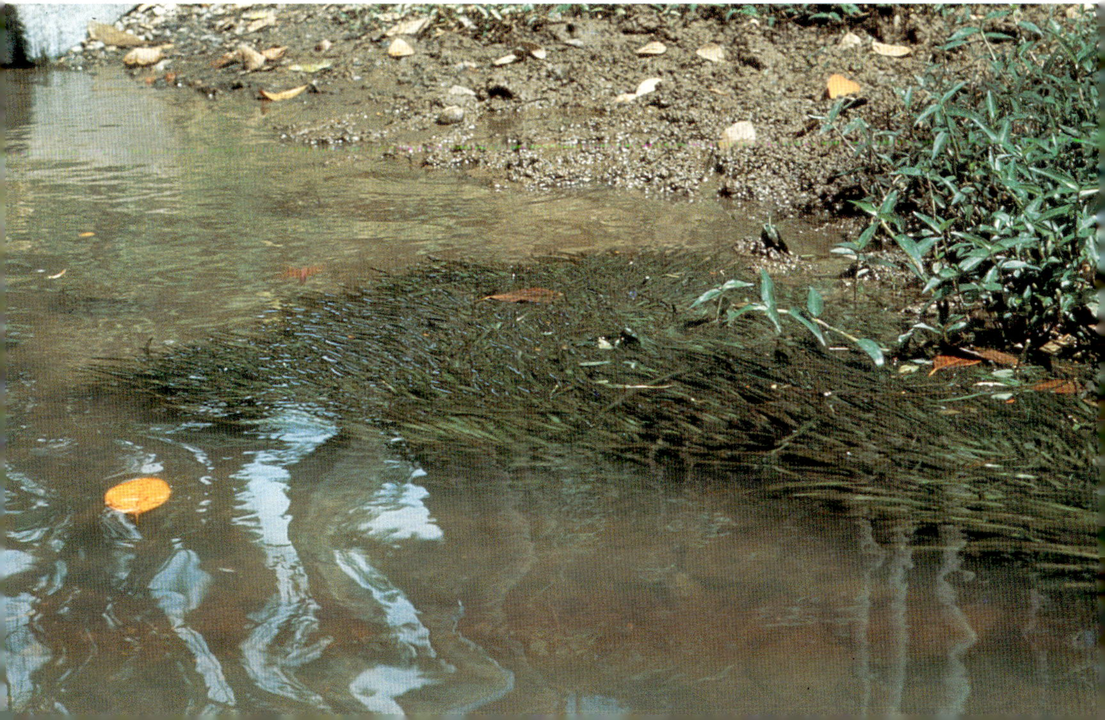

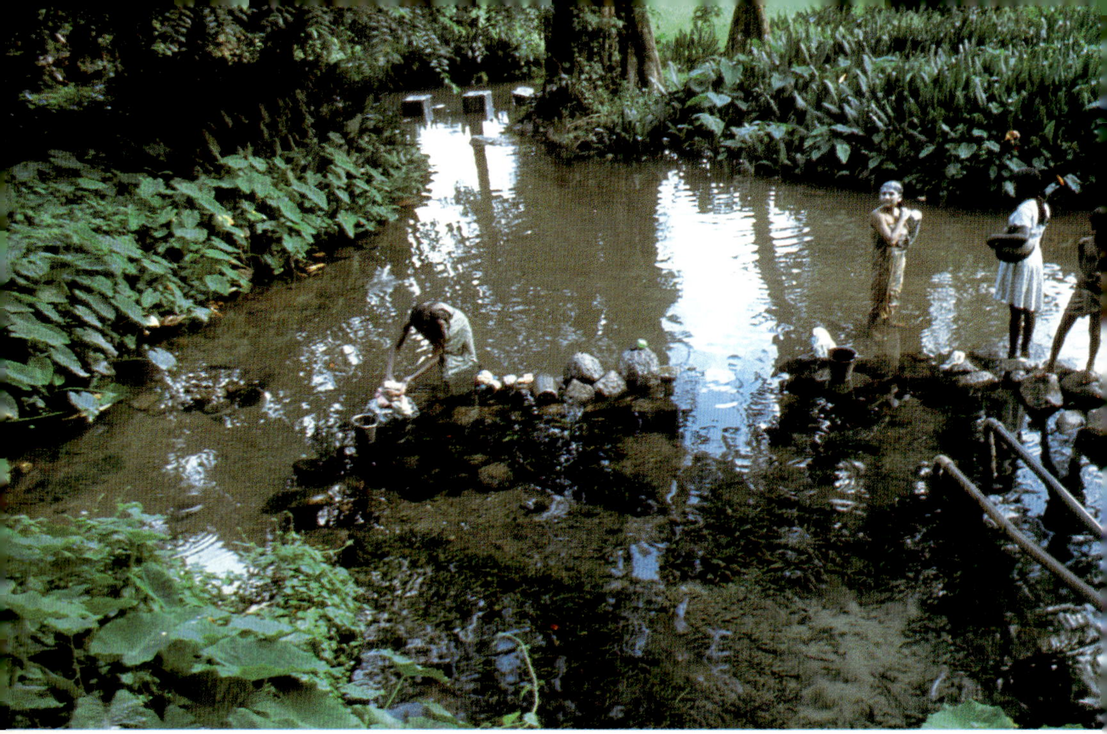

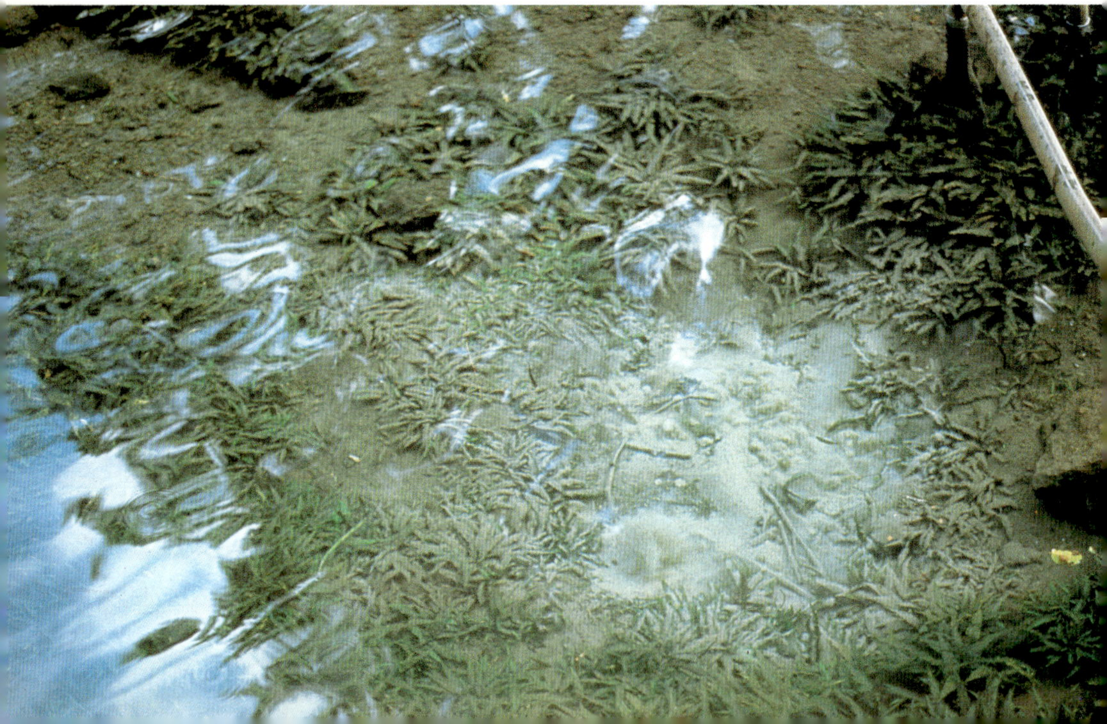

Bild 38. Die Speicherseen im Nordwesten von Sri Lanka führen in der Regel mäßig weiches Wasser. Oftmals haben sie unsichtbare Quellzuflüsse, welche das Wasser mit Eisen und Kohlendioxid anreichern (s. Tabelle 11). Dann können sich reichhaltige Bestände an Wasserpflanzen entwickeln. Hier waren es Arten von *Bacopa, Limnophila, Salvinia* und *Aponogeton.* Letztere haben ihre weißen Blütenstände aus dem Wasser gehoben.

Bild 36 (linke Seite, oben). Eine lebhaft sprudelnde Quelle im zentralen Hochland von Sri Lanka mit relativ hartem Wasser (s. Tabelle 11). Obwohl diese Quelle von den Anwohnern als Waschplatz genutzt und daher ständig gestört wird, haben sich prächtige Kolonien von *Cryptocoryne becketii* entwickelt. Im Vordergrund rechts zeugen brodelnde Sandwolken von der enormen Aktivität der Quelle. Siehe auch Bild 37.

Bild 37 (linke Seite, unten). Teilansicht der sprudelnden Quelle von Bild 36: man glaubt einen kochenden Hexenkessel zu sehen, so heftig wirbeln die Sandwolken durcheinander! Der Nährstoffgehalt des Wassers ist zwar relativ gering (s. Tabelle 11), doch wird durch die enorme Quellaktivität die Ernährung der Pflanzen voll gesichert.

Wasser-Schnelltests für die Aquaristik

Die Firma E. Merck hat für die Aquarienpraxis besonders preisgünstige Einfachtests in Schiebe-Blisterverpackung entwickelt. In Ergänzung mit den Merckoquant®-Teststäbchen lassen sich alle wichtigen wasserchemischen Bestimmungen in der Aquaristik schnell und sicher mit ausreichender Genauigkeit durchführen. In den nachfolgenden Tabellen sind die Tests übersichtlich zusammengestellt. Falls in Sonderfällen höhere Genauigkeit oder die Untersuchungen weiterer Wasserinhaltsstoffe notwendig sind, können die professionellen Test-Sets aus den Reihen Aquaquant®, Microquant® und Spectroquant® benutzt werden (nötigenfalls Liste anfordern!).

Empfindliche Merck-Tests sind mit einem Mindesthaltbarkeitsdatum versehen. Die Tests können aber auch nach dem angegebenen Datum benutzt werden, vor allem wenn sie kühl, trocken und dunkel aufbewahrt werden; ein Funktionstest ist jedoch ratsam. Für Testsätze ohne Verfalldatum beträgt die Garantiezeit generell zwei Jahre. Der Bezug der Merck-Schnelltests ist möglich über den Zoofachhandel, den Laborchemikalien-Fachhandel sowie über Apotheken und die VDSF-Verlags- und Vertriebs-GmbH, Bahnhofstraße 37, D-6050 Offenbach/Main (auch Versand!). Direktlieferungen durch die Firma E. Merck sind nicht möglich.

Wichtige Hinweise für den Umgang mit Chemikalien und Wasserreagenzien generell und die Auswertung der Meßergebnisse sind auf Seite 12 aufgeführt.

In den auf Seite 64 und 65 folgenden Tabellen sind die Spezifikationen der Einzel-Schnelltests sowie der Inhalt der Kompaktlabore für Wasseruntersuchungen bzw. für Aquaristik und Teichwirtschaft zusammengestellt (Bilder 39 und 40).

Bild 39 (rechte Seite, oben). Kompaktlabor für Wasseruntersuchungen Nr. 11 151. Die Standard-Ausstattung ist in Tabelle 13 aufgeführt. Auf Wunsch kann die Ausstattung jedoch geändert werden.

Bild 40 (rechte Seite, unten). Im Kompaktlabor für Aquaristik und Teichwirtschaft Nr. 11 102 sind die wichtigsten Wassertests zusammengestellt (s. Tabelle 14).

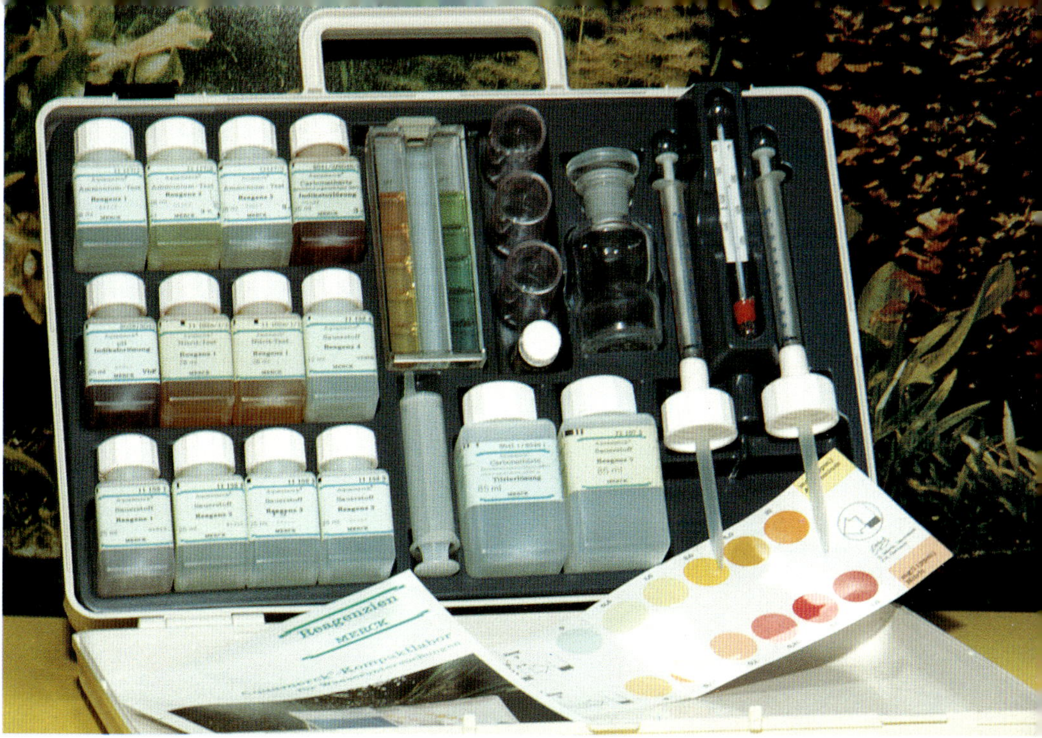
Reagenzien
MERCK

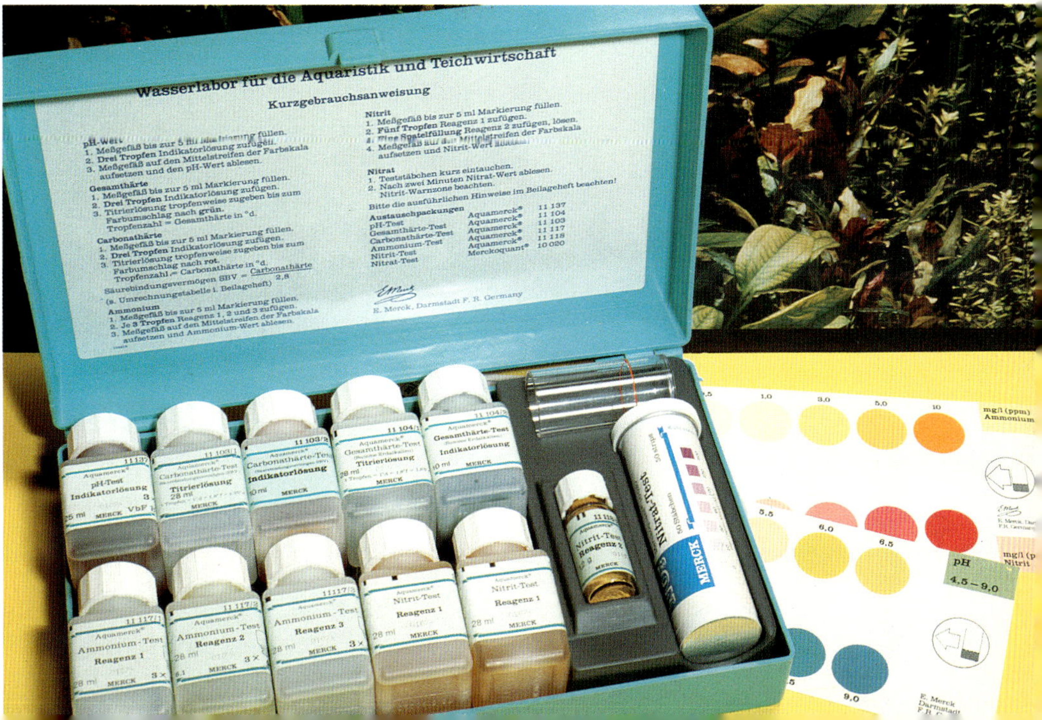
Wasserlabor für die Aquaristik und Teichwirtschaft
Kurzgebrauchsanweisung
pH-Wert
1. Meßgefäß bis zur 5 ml Markierung füllen.
2. Drei Tropfen Indikatorlösung zufügen.
3. Meßgefäß auf den Mittelstreifen der Farbskala aufsetzen und den pH-Wert ablesen.
Gesamthärte
1. Meßgefäß bis zur 5 ml Markierung füllen.
2. Drei Tropfen Indikatorlösung zufügen.
3. Titrierlösung tropfenweise zugeben bis zum Farbumschlag nach grün.
Tropfenzahl = Gesamthärte in °d.
Carbonathärte
1. Meßgefäß bis zur 5 ml Markierung füllen.
2. Drei Tropfen Indikatorlösung zufügen.
3. Titrierlösung tropfenweise zugeben bis zum Farbumschlag nach rot.
Tropfenzahl = Carbonathärte in °d.
Säurebindungsvermögen SBV = Carbonathärte / 2,8
(s. Umrechnungstabelle i. Beilageheft)
Ammonium
1. Meßgefäß bis zur 5 ml Markierung füllen.
2. Je 3 Tropfen Reagenz 1, 2 und 3 zufügen.
3. Meßgefäß auf den Mittelstreifen der Farbskala aufsetzen und Ammonium-Wert ablesen.
Nitrit
1. Meßgefäß bis zur 5 ml Markierung füllen.
2. Fünf Tropfen Reagenz 1 zufügen.
3. Eine Spatelfüllung Reagenz 2 zufügen, lösen.
4. Meßgefäß auf den Mittelstreifen der Farbskala aufsetzen und Nitrit-Wert ablesen.
Nitrat
1. Teststäbchen kurz eintauchen.
2. Nach zwei Minuten Nitrat-Wert ablesen. Nitrit-Warnzone beachten.
Bitte die ausführlichen Hinweise im Beilageheft beachten!
Austauschpackungen
pH-Test Aquamerck® 11 137
Gesamthärte-Test Aquamerck® 11 104
Carbonathärte-Test Aquamerck® 11 103
Ammonium-Test Aquamerck® 11 117
Nitrit-Test Aquamerck® 11 118
Nitrat-Test Merckoquant® 10 020
E. Merck, Darmstadt F. R. Germany
pH-Test
Indikatorlösung
Carbonathärte-Test
Titrierlösung
Gesamthärte-Test
Indikatorlösung
Ammonium-Test
Reagenz 1
Reagenz 2
Reagenz 3
Nitrit-Test
Reagenz 1
MERCK
mg/l (ppm) Ammonium
pH
4.5 – 9.0

Tabelle 12. Einzel-Schnelltests

Bestimmung	Meßbereich in ppm	kleinste Abstufung	Anzahl der Bestimmungen	Anzahl der Reagenzien	für Süßwasser
Ammonium	0,5–10	0,5	50	3	●
	0,05–0,8	0,05	100	3	●
Carbonathärte	1–50°d	1°d	50[1]	1	●
Chlor	0,1–2,0	0,15	140	1	●
Eisen	0,05–1,0	0,05	50	2	●
	0,01–0,2	0,01	300	1	●
Gesamthärte	1–50°d	1°d	50[1]	1	●
	3–25°d	5°d	100	1	●
Kupfer	0,15–1,6	0,15	60	2	●
Nitrat	20–130	25	100	2	●
	10–500	20	50	1	●
Nitrit	0,05–1,0	0,1	100	1	●
pH-Wert	5,0–9,0	0,5	200	1	●
	7,1–8,9	0,3	200	1	–
	5,2–7,4	0,2	660	1	●
	6,4–8,6	0,2	660	1	●
Phosphat	0,1–2,0	0,15	100	2	●
	0,01–0,16	0,01	200	2	●
Sauerstoff	1–12	2	50	3	●
	0,1–20	0,1	100[2]	5	●
Wasserstoff-peroxid	1–100	2	100	1	●

[1] bei 10°d

[2] bei 8,5 ppm O_2

[3] zu diesem Test ist die einmalige Anschaffung der Sauerstoff-Reaktionsflasche Nr. 14663 erforderlich. Später müssen nur die Reagenzien unter Nr. 14662 nachgekauft werden.

für Seewasser[5]	Merckoquant® Teststäbchen	Aquamerck® Schiebeblister	Aquaquant® mit Farbskalen-Schiebe-komparator[4]
●		14 657	
●			14 400
●		14 653	
(●)		14 670	
●		14 660	
–			14 403
–		14 652	
–	10 046		
●		14 651	
●	10 020	14 659	
(●)			
●		14 658	
–		14 655	
●		14 656	
–			14 436
–			14 430
●		14 661	
–			14 409
●		14 662[3]	
●		11 107	
(●)	10 011		

[4] für die Aquaristik nützliche Auswahl aus der umfangreichen Aquaquant®-Serie.
[5] (●) besagt, die Meßgenauigkeit ist eingeschränkt (sog. Salzfehler).

Weitere Tests sind in den Prospekten der Fa. Merck aufgeführt.

Tabelle 13. Kompaktlabor für Wasseruntersuchungen Nr. 11 151

Inhalt	Meßbereich in ppm	kleinste Abstufung	Anzahl der Be- stimmungen	Anzahl der Rea- genzien	für Süß- wasser	für See- wasser	Austausch- packung
Ammonium	0,5–10	0,5	150	3	●	●	11 117
Carbonathärte	0,2–80°d	0,2°d	200[1]	2	●	●	8 041
Nitrit	0,05–1,0	0,05	150	2	●	●	11 118
pH-Wert	4,5–9,0	0,5	100	1	●	–	8 043
Sauerstoff	0,1–20	0,1	100[2]	5	●	●	11 152

Außerdem: Thermometer, Dosierspritze, Titrationspipetten, Drei-Kammer-Prüfgefäß.

Tabelle 14. Kompaktlabor für Aquaristik und Teichwirtschaft Nr. 11 102

Inhalt	Meßbereich in ppm	kleinste Abstufung	Anzahl der Be- stimmungen	Anzahl der Rea- genzien	für Süß- wasser	für See- wasser	Austausch- packung
Ammonium	0,5–10	0,5	150	3	●	●	11 117
Carbonathärte	1–100°d	1°d	50[1]	2	●	●	11 103
Gesamthärte	1–100°d	1°d	50[1]	2	●	–	11 104
Nitrat	10–500	20	50	1	●	(●)	10 020
Nitrit	0,05–1,0	0,05	150	2	●	●	11 118
pH-Wert	4,5–9,0	0,5	200	1	●	–	11 137

[1] bei 10°d
[2] bei 8,5 ppm O_2

Weiterführende Literatur

Deutsche Einheitsverfahren zur Wasser-, Abwasser- und Schlammuntersuchung. Verlag Chemie, Weinheim/Bergstraße

GEISLER, R.: Wasserkunde für die aquaristische Praxis. Kernen-Verlag, Essen 1964

HÖLL, K.: Wasser. Verlag W. de Gruyter, Berlin 1979

HÜTTER, L. H.: Wasser und Wasseruntersuchung. Verlag Diesterweg, Salle und Sauerländer 1984

Kosmos Handbuch Aquarienkunde. Kosmos-Verlag, Stuttgart 1983

LIENIG, D.: Wasserinhaltsstoffe. Akademie-Verlag, Berlin

REICHENBACH-KLINKE, H. H.: Der Süßwasserfisch als Nährstoffquelle und Umweltindikator. Gustav Fischer-Verlag, Stuttgart 1974

SCHWOERBEL, J.: Einführung in die Limnologie, Gustav Fischer-Verlag, Stuttgart 1984

TESCH, F. W.; WEHRMANN, L.: Die Pflege der Fischbestände und -gewässer. Verlag Paul Parey, Hamburg 1982

Informationsmaterial der Firma E. Merck (Postfach 4119, 6100 Darmstadt 1)

Aquamerck® Reagenziensätze für die Wasseranalyse

Aquamerck® Sauerstoff, Sauerstoffzehrung (BSB)

Aquamerck® Wasserlabor für Aquaristik und Teichwirtschaft

Aquamerck® Kompaktlabor für Wasseruntersuchungen

Schnelltest-Handbuch

Schnelltests zur Untersuchung von Wasser, Böden, Feststoffen, Lebensmitteln (Übersichtsprospekt)

Die Untersuchung von Wasser

Merckoquant® Tests zur halbquantitativen Bestimmung von Ionen und Verbindungen.

Sachregister

(**halbfette** Seitenzahlen weisen auf die Schwerpunkte hin)

68

Rund ums Aquarium

Hanns-Jürgen Krause
Einführung in die Aquarientechnik
Der Verfasser vermittelt Anfängern und fortge-schrittenen Aquarianern die notwendigen aqua-ristischen Kenntnisse, damit sie die Biologie im Aquarium in den Griff bekommen.
72 S., 51 farb. Abb., kartoniert

Gerhard Brünner
Handbuch der Aquarienpflanzen
Arten – Auswahl – Pflege
Dieses Buch berichtet eingehend über geeignete Arten und die Ansprüche der Wasserpflanzen an Bodengrund und Beleuchtung. Pflanzenpläne und Artenangaben helfen bei der Beckeneinrich-tung.
208 S., 171 z. T. farb. Abb., geb.

Dieter Schmidtke
Das Heimataquarium
Fische und Lurche, Kriechtiere und Insekten
Hier erfährt man überzeugend, welche Freude es bereitet, die heimischen Tiere durch das Aqua-rium kennenzulernen. Der Verfasser weist auf den wichtigen Beitrag hin, den Aquarianer zum Artenschutz leisten können.
112 S., 77 meist farb. Abb., kart.

Jörg Vierke
Vierkes Aquarienkunde
Die wichtigsten Grundlagen der Süßwasseraqua-ristik finden sich in diesem Handbuch, das dem Aquarianer hilft, Arbeit, Zeit und Geld zu spa-ren!
288 S., 606 z. T. farb. Abb., geb. m. Schutzumschl.

Ihre Helfer:

Kosmos-Handbuch Aquarienkunde
Das Süßwasser-Aquarium.
Herausgegeben von der Redaktion Aquarienmagazin
Es fehlt kein Thema von der Technik der Aquarienkunde über Aquarienpflanzen zur Morphologie, Anatomie, Physiologie, Biologie, Fütterung und Krankheitsbehandlung der Süßwasserfische ... Für jedes der Themen zeichnet ein namhafter Fachreferent. Trotz der Vielzahl besteht das Buch aus einem Guß und weist sich durch Verständlichkeit und Anschaulichkeit aus ...
(Prof. D. E. G. E. Sauer, Universität Bonn)
738 S., 1389 z. T. farb. Abb., geb. m. Schutzumschl. i. Schub.

Aquarien-Magazin
Monatshefte für Aquaristik und Vivarienkunde
Ob Sie Ihr Hobby erst seit kurzem betreiben oder schon zu den Profis zählen – Aquarien-Magazin ist für alle da! Sie erfahren alles über Arten, Zucht und Pflege der Vivarientiere, erhalten jegliche Hilfe für die Praxis, werden fachmännisch beraten über Anlage und Einrichtung eines Aquariums oder Terrariums, über die Schaffung und Aufrechterhaltung geeigneter Lebensbedingungen, die Ernährung und Futterbeschaffung bis hin zur Medizin.
Probehefte kostenlos vom
Kosmos-Verlag, Postfach 640, 7000 Stuttgart 1

FRANCKH
KOSMOS
Verlagsgruppe

In Ihrer Fach/Buchhandlung!